DEMMLER VERLAG

Evemarie und Frank Löser

Spargel

Herkunft,
Anwendungen und Rezepte

DEMMLER VERLAG

Bildnachweis:

Titelfoto: HL Photo, Fotolia.com
Rücktitelfotos: Dr. Frank Löser
Abb. S. 6: Gemälde von Carl Schuch, Ausschnitt
Foto S. 21: Rasbak (CC-BY-SA 3.0)
Foto S. 26/27: Martina Nolte (CC-BY-SA 3.0)
Abb. S. 42/43: WMF Württembergische Metallfabriken AG
Alle anderen Fotos: Dr. Frank Löser

Dieses Buch wurde sorgfältig erarbeitet. Alle Rezepte haben wir selber ausprobiert. Sie sind als machbare Beispiele zu verstehen. Die Autoren und der Verlag übernehmen keinerlei Haftung. Die für das Buch verwendeten Quellen können beim Verlag unter www.demmlerverlag.de eingesehen werden.

Impressum

An der Bäderstraße 7c
18311 Ribnitz-Damgarten
Tel.: 03821 / 706397
Fax.: 03821 / 708876
info@demmlerverlag.de
www.demmlerverlag.de

Grafische Gestaltung: Matthias Krempien, Grafikdesigner (HBFS)
Satz und Layout: Matthias Krempien, Grafikdesigner (HBFS)
Druck und Verarbeitung: DZA Druckerei zu Altenburg GmbH, Altenburg

1. Auflage

ISBN 978-3-944102-08-5

Zum Geleit

Der Spargel – auch königliches Gemüse genannt – ist ein Genuss für Gourmets und Feinschmecker. Spricht man von Spargel, weht immer der Hauch von etwas Besonderem mit. Kaum ein anderes Gemüse kann sich in Aroma und Feinheit mit ihm messen.

Lange war der Spargel bei uns ein Saison-Gemüse. Heute kann man ihn dank der Importe fast ganzjährig kaufen. Meist stammt diese Ware aus Peru oder Griechenland. Dieser Spargel wird inzwischen auch in Folie eingeschweißt angeboten. Darin ist er gut verpackt und bleibt frisch.

Ab Mitte April bis zu Johanni (24. Juni) hat der einheimische Spargel Saison. Den Anbau und die Biologie des Spargels, auch die Unterschiede zwischen Bleich- und Grünspargel und der violett gefärbten Spargelsorten erläutern wir in diesem Buch. Die wichtigsten Sorten werden genannt und Prägnantes herausgestellt.

Wissenswertes über Historie und Brauchtum, Heilmittelanwendungen und zahlreiche Rezepte in vielfältiger Form haben wir für Sie, verehrte Spargelfreunde, zusammengetragen. Bei den Rezepten haben wir uns um Ausgewogenheit zwischen den allgemein bekannten und extravaganten Zubereitungen bemüht.

Das Buch enthält einen großen Anteil an Soßenrezepten zum Spargel.

Die von den Autoren vorgestellten und ausprobierten Rezepte sind als Anregung zu verstehen. Wir wünschen Ihnen, verehrte Leser, viel Freude beim Ausprobieren und Variieren.

Evemarie und Dr. Frank Löser

Stilleben mit Spargel von Carl Schuch

Geschichte und Herkunft

Der Spargel wird als „Königin des Gemüses“ bezeichnet und verzaubert alljährlich nicht nur die Gourmets.
Schon die Bezeichnungen „königliches Gemüse“ oder „Königsgemüse“ weisen darauf hin, wem einst Spargel serviert wurde. Nur die Wohlhabenden konnten sich ein solches Vergnügen leisten. Diese Stängel, ganz frisch beim Erzeuger oder auf dem Markt erworben, sind auch heute ein sehr geschätztes Gemüse.

Einheimischer Spargel wird – je nach Witterung und Anbaumethode – ab Mitte April bis zum 24. Juni geerntet. Dieser Termin wird von den Anbauern auch „Spargelsilvester“ genannt. Im Angebot der Feinkost- und Gemüseläden ist er, dank der Importe, fast das ganze Jahr über erhältlich. Dazu kommen noch die vielfältigen Spargelkonserven.

Etwa 500–400 v. Chr. wurde bereits in China, Griechenland und Persien der Grünspargel besonders als Heilpflanze genutzt. Bereits 100 Jahre später wurde Spargel bei den Ägyptern als Hochgenuss geschätzt. Pharao Echnaton und seine Gattin Nofretete bezeichneten ihn sogar als „Götterspeise“.

Die Griechen weihten den Spargel der Göttin Aphrodite. Damit stieg er zu einem heiligen Kranzgewächs auf.

Einem Römer, Cato dem Älteren (234–149 v. Chr.), ist die älteste Aufzeichnung über den Spargelanbau zu verdanken. In seinen Aufzeichnungen um 175 v. Chr. ist aber immer nur von Grün- bzw. Wildspargel die Rede, wenn es um die Beschreibung der festlichen Speisen der Römer ging.

Ein Rezept beschreibt, dass sie Spargelstangen in Eierkuchen gerollt, verzehrten.

Diokletian (etwa 236/245–312 v. Chr.), ein römischer Kaiser, erließ schon 304 n. Chr. eine Verordnung über die Höchstpreise bei Spargel.

Zuerst brachten die Römer den Spargel und den späteren Anbau um 1540 nach Deutschland in die Gebiete von Donau, Main und Rhein. Als die Römer grünen Spargel in großen Mengen benötigten, wurde dieser aus den deutschen Anbaugebieten nach Rom geliefert.

Bis in das 16. Jahrhundert hinein waren es vorwiegend Apotheken und Klöster, die Spargel anbauten und als Heilpflanze nutzten.

Schon Hieronymus Bosch schwor auf den Spargel als „Liebliche Speis für Leckermäuler".

Als ersten Spargelanbauort in Deutschland wird in den Jahren 1565 und 1568 der Ort Schwetzingen, unweit von Mannheim urkundlich erwähnt.

Im 17. Jahrhundert war Spargel als köstliche Speise an Fürstenhöfen sehr begehrt und wurde eigens in den Fürstengärten angebaut. Ludwig der XIV. soll seine Gärtner sogar angewiesen haben, Spargel auch während der Winterzeit zu liefern.

Erst im 18. Jahrhundert schlägt die Stunde für den Anbau von Bleichspargel. Diese Anbaumethode für Spargel setzte sich schnell durch und hat bis heute die Vorrangstellung beim Anbau.

Namensdeutung

Spargel, auch Gemüse- oder Gemeiner Spargel, hat den botanischen Namen „Asparagus officinalis". Die jungen Triebe waren dafür namensgebend. Das griechische Wort „asphàragos", junger Trieb, weist darauf hin. Das Wort „asparagos" kann aber auch übersetzt „Der nicht Gesäte" bedeuten und belegen, dass die Griechen ihn wild wachsen ließen.

Der Artname „Officinalis" ist der eindeutige Hinweis auf die heilende Wirkung der damit benannten Pflanze.

Spargel wird im deutschen Sprachraum regional auch wie folgt bezeichnet: Aspars, Corallenkraut, Gartenspargen, Gemeiner Spargel, Gemüsespargel, Korallenkraut, Schwammwurz, Spargen, Spargeln, zahm Spargen, Sparsen, wild Spargen, Steinspargen, Portugallische Steinspargen, Provinzisch Steinspargen, Sparsich, Spieke und Wasserspargen.

Lithographie Gemeiner Spargel

Biologie des Spargels

Spargel, so wie wir ihn heute kennen, ist mehrjährig. Die Pflanze kann bis zu 15 Jahre auf dem gleichen Feld stehen und dabei ca. 12 Jahre lang abgeerntet werden. Ein Wurzelstock mit seinen vielen relativ dickfleischigen Wurzeln, den Speicherwurzeln, kann bis zu ca. 50 cm lang werden. Daran befinden sich viele Saugwurzeln, mit denen Wasser und Nährstoffe aufgenommen werden. Aus den Knospen, die an diesem Wurzelstock wachsen, werden vom Frühjahr bis in den Frühsommer zahlreiche Triebe an die Erdoberfläche geschoben.

Das sind die bekannten Spargelstangen, die beim weißen Spargel/Bleichspargel kurz nach dem Durchbrechen der Erdoberfläche geerntet werden. Diese Triebe tragen schuppenförmige Hauben, die sie beim Wachstum durch das Erdreich schützen. Mit einem speziellen Spargelstecher werden die aus den Dämmen sichtbar durchgewachsenen Stangen gestochen. Vorher werden sie fachmännisch per Hand frei gelegt. Das ist Spezialarbeit!

Spargeljungpflanze, mit dem jährlichen Triebansatz

Wenn diese Triebspitzen aber erst nach dem Durchbrechen der Erdoberfläche bei einer Länge von 15 bis 20 cm gestochen werden, spricht man von Grünspargel. Davon gibt es ebenfalls besondere Sorten. Bleiben dann diese Triebe nach dem 24. Juni an der Pflanze, erreichen sie eine Höhe von ca. 180 cm und assimilieren für die weitere Entwicklung der Spargelpflanze. Diese erforderlichen Stoffe werden dann wieder in den Speicherwurzeln der Pflanze eingelagert, damit auch im kommenden Jahr ein kräftiger Auswuchs garantiert wird. Dieses einjährige Kraut mit kleinen nadelartigen glatten Blättchen wird im Herbst abgeschnitten und vom Feld entfernt. Es kann Überträger von Krankheiten sein.

Spargel ist zweihäusig, das heißt nur die weiblichen Pflanzen bilden nach der Bestäubung Früchte aus. Männliche Pflanzen sollen dafür mehr Ertrag liefern. An den weiblichen Pflanzen des Krautes bilden sich im Sommer kleine gelbe Blüten, die wie kleine Glöckchen aussehen. Nach der Bestäubung durch Insekten bilden sich daraus rote kugelige, giftige Früchte.

Pflanzung und Pflege

Beim Anbau von Spargel wird zwischen dem weißen, unterirdisch gewachsenen gebleichten Spargel und dem im Licht gewachsenen Grünspargel unterschieden.

Für beide Anbaumethoden ist ein leichter, gut durchlüfteter und auch schnell erwärmbarer Boden eine wichtige Voraussetzung für den erfolgreichen Anbau.

Spargelsetzling mit Augenansatz

Die einjährigen Pflanzen werden im zeitigen Frühjahr gesetzt und können bis 12 Jahre am Standort bleiben. Die Augen an den Wurzelstöcken müssen alle in eine Richtung zeigen, damit sie später auch in die gleiche Richtung wachsen. Das fachgerechte Pflanzen gehört mit zu den wichtigsten Arbeiten beim Spargelanbau. Bis zum Wiederanbau auf einer Fläche müssen mindestens 5 Jahre Anbaupause eingehalten werden.

Ab dem 3. Standjahr kann sparsam geerntet werden und ab dem 4. Standjahr setzt die Vollernte ein. Sie beginnt je nach Witterung Ende April bis Anfang Mai und geht bis zu St. Johanni.

Zum Anbau des Spargels ist eine Reihe von Sprichwörtern überliefert:

„Bis Johanni nicht vergessen: Sieben Wochen Spargel essen."

„Stich den Spargel nie mehr nach Johanni."
Volksmund

Johanni, also der 24. Juni, ist ein überliefertes natürliches Datum und keinesfalls per Gesetz verordnet.

Die Spargelpflanzen müssen noch ausreichend Zeit haben, um mit ihrem Laub Nährstoffe für die Entwicklung der Pflanze fürs kommende Vegetationsjahr zu produzieren und sie in die Speicherwurzeln einzulagern. Bis zum 10. Anbaujahr ist mit wirtschaftlichen Erträgen zu rechnen. Danach reduziert sich der Ertrag. Demzufolge wird diese Fläche umgebrochen und für andere Kulturen/Zwecke genutzt.

Maschinelle Dammlockerung vor der Formung des Spargeldammes

Bis zum Erntebeginn sind die Spargelfelder unkrautfrei zu halten und müssen entsprechend der Bodenanalyse auch gedüngt werden. Das Spargelkraut wird alljährlich im Herbst beseitigt.

Das Auffahren der Dämme im sehr zeitigen Frühjahr war die wichtigste Arbeit, die bisher mit gewisser Erfahrung und speziellem Fachwissen durchgeführt wurde. Heute geschieht dies vorwiegend maschinell.

In den letzten Jahren hat sich die Produktion von Spargel rasant von der Handarbeit zum Einsatz von Maschinen entwickelt. Derzeit gibt es diverse Maschinen und Geräte zur Bodenvorbereitung und Dammformung. Dazu gehören Pflanzmaschinen, Folien-, Lege- und Wickelgeräte, Beregnungstechnik, Kühltechnik für den frisch gestochenen Spargel, Spargelwasch- und Sortiermaschinen und sogar Spargelvollerntemaschinen.

Maschinelle Dammformung

Folien zum Abdecken der Dämme kommen in zwei Varianten zum Einsatz: die Antitaufolie zum Vorverlegen des Erntetermins und die schwarz-weiß Folie zum langsameren Erwärmen des Bodens. Letztere hält den Boden dafür auch länger warm und die Entwicklung der keimenden Unkräuter wird deutlich gehemmt.

Im erwerbsmäßigen Spargelanbau kommt auch die Doppeltunnel-Methode zur Anwendung. Die Dämme werden in altbewährter Weise gelockert, hochgefahren und mit Folie bedeckt.

Bild mitte: *Maschinelles Aufbringen der Folie auf den Spargeldamm*

Bild unten: *Im Spargel-Schockbecken werden die frisch geernteten Stangen zur weiteren schonenden Verarbeitung heruntergekühlt.*

Bild S.17: *Weißer, violetter und grüner Spargel*

Ein Folientunnel (bekannt aus dem Gemüseanbau) kommt nun in ca. 25 cm Höhe über den Foliendamm und sorgt so für ein längeres Halten der Wärme und damit für eine noch frühere Ernte einheimischen Spargels in bester Frische.

Sorten und ihre Verwendung

Es gibt unterschiedliche Spargelsorten. Der Spargel hat ca. 100 weitere verwandte Arten in Europa, Nordafrika, Vorderasien und in China. In China gibt es allein 31 Arten.

Unterschieden wird in Grünspargel, Bleichspargel und violetten Spargel. Die verschiedenen Ausfärbungen entstehen durch Bildung von Anthozyanen-Farbstoffen.

Bleichspargel

Die Triebe des weißen oder gebleichten Spargels wachsen unter einem Erdhügel heran, ohne jemals das Tageslicht gesehen zu haben. Diese Erdhügel, die seit dem 18. Jahrhundert in der Praxis angelegt werden, halten die Triebe im Dunkeln und sie bleiben dadurch weiß. Holländischen Bauern wird diese neue Anbaumethode zugeschrieben. Sie stülpten Röhren oder Glocken aus dunklem Glas, auch Holz oder Ton, über die aus dem Erdreich brechenden Triebe des Spargels. Durch diese Anbaumethode entstand ein anderes Aroma als beim bekannten Grünspargel. Das Abdecken der einzelnen Spargelköpfe war natürlich sehr aufwändig, und so entwickelte sich im Laufe der Zeit die Idee vom Erdhügel.

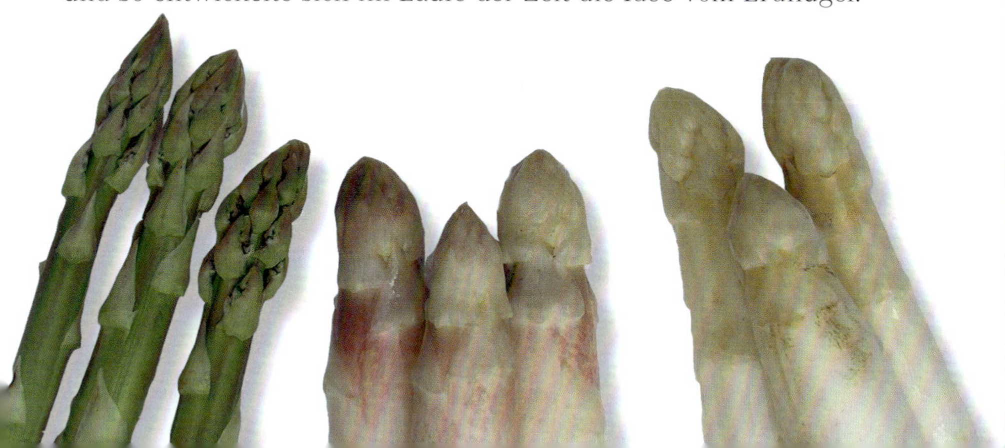

Sorten

Zum Anbau von Bleichspargel sind unter anderem geeignet:

„Grolim F1“: frühe Ernte. Hochertragssorte mit hohem Stangengewicht, besonders für den Anbau von Bleichspargel geeignet. 4 bis 6 Pflanzen/lfd. M.; widerstandsfähig gegen Krankheiten, gut für biologischen Anbau.

„Cumulus“: Frühe Erntezeit mit einem sehr hohen Ertragspotential; gleichmäßige, gerade und dicke helle weiße Stangen. Die Pflanzdichte beträgt 4 Pflanzen/lfd. M.

„Ramires“: Sehr ertragreich und sehr frühe Ernte; männliche Hybride, Geschmacklich gute Qualität und hohes Ertragspotential. Gut geschlossene Köpfe; Macht auch einen optisch guten Eindruck durch herausragende Stangenstärke. 4 Pflanzen/lfd. M.

„Gijnlim“: Frühe Erntezeit, männliche Hybride, hoher Ertrag, hervorragende Qualität. 3 Pflanzen/lfd. M. Für den Anbau als Bleich- aber auch als Grünspargel gut geeignet. Bei Grünspargelanbau sollte enger gepflanzt werden, ausgezeichnete Qualität.

„Baklim F1“: späte Erntezeit, zweite Saisonhälfte. Männliche Hybride, guter Köpfchenschluss, dicke Stangen. 4 Pflanzen/lfd. M. Auch zum Grünspargelanbau geeignet, wird im beheizten Anbau als Standardsorte geführt. Qualität und Ertrag sehr zuverlässig.

Gut geschlossene Köpfe

Spargelfeld in Wöbbelin/Mecklenburg-Vorpommern

Violetter Spargel

Treten die weißen Stangen vom Bleichspargel aus der Erde, verfärben sie sich violett. Er ist im Geschmack natürlich etwas intensiver als der eigentliche Bleichspargel, aber keinesfalls minderwertig, wie oft fälschlicherweise behauptet wird.

„Burgunder“ ist eine bekannte Sorte mit sehr guter violetter Färbung; zart und aromatisch im Geschmack, keine besonderen Anbauansprüche. 5 Pflanzen/lfd. M.

Grünspargel

Die Triebe erreichen das Tageslicht und sind zuerst leicht rötlich gefärbt. Durch die folgende Assimilation werden sie grün. Dieser Anbau erfolgt ebenerdig, ohne die Erdhügel. Bis zum 18. Jahrhundert war in Deutschland nur Grünspargel bekannt. Erst mit der Einführung der Dammkultur verringerten sich der Anbau und auch die Begehrtheit von Grünspargel.

Er schmeckt – so die Gourmets – etwas herzhafter und braucht im Gegensatz zum Bleichspargel fast nicht geschält zu werden.

Die Triebe wachsen wie beim Bleichspargel aus dem unterirdischen Wurzelstock heraus an die Erdoberfläche. Durch die Lichteinwirkung bildet sich Chlorophyll aus und damit die grüne Farbe. Dadurch bekommt er auch diesen würzigen Geschmack.

Zu den angebotenen Sorten gehören:
„Xenolim F1“: Männliche Hybridsorte, anthocyanfrei, (wasserlösliche Pflanzenfarbstoffe, die den Pflanzenteilen eine intensive rote, violette oder blaue Färbung verleihen), mittelfrüh und ***„H. Schneewittchen F1“***.

Beide Sorten weisen eine sehr gute Grünfärbung auf. Sie haben einen zarten und aromatischen Geschmack; einfach im Anbau, 5 Pflanzen/lfd. M.

Schaderreger

Als Verbraucher müssen wir uns nicht um Krankheiten und Schädlinge unseres Edelgemüses sorgen, das hat der Anbauer im Griff.
Die am häufigsten auftretenden Schaderreger und Krankheiten beim Spargel sind **Spargelrost**, **Spargelfliege** und **Spargelkäfer**.

Der **Spargelrost** befällt die krautigen oberirdischen Teile der Pflanze. Bei sehr starkem Befall wird die Ertragsleistung geschwächt. Das Spargelkraut sollte im Herbst von den Feldern entfernt werden.

Die **Spargelfliege** legt ihre Eier an die noch ganz jungen Triebe ab. Durch den Fraß der Larven krümmen sich die Triebe, verkrüppeln und sterben ab. Besonders für Junganlagen, die noch nicht abgeerntet werden, ist dies gefährlich, da sich hier eine starke Population aufbauen kann. Befallene Triebe tief abstechen und vernichten, weil sich in den Fraßgängen im Triebinnern die Larven der Fliegen befinden.

Die **Spargelkäfer** treten besonders in Junganlagen auf. Im Mai/Juni fressen die Larven der 1. Generation an den Nadeln der Triebe und im August/September erscheint die 2. Generation.

Im Frühjahr sollten die Jungbestände auf Befall kontrolliert werden.

Ernte, Qualitätsprüfung und Lagerung

Ab Mitte April beginnt die Spargelernte und sie dauert bis zu St. Johanni (24. Juni).

„Stich den Spargel nicht nach Johanni."
„Kirschen rot – Spargel tot."

In einer Anleitung zur Spargelernte aus dem Jahre 1890 heißt es: *„…, dass Frauen besser Spargel stechen, weil sie das Bücken besser aushalten."*

Die Ernte kann beginnen.

Spargelfeld unter Folie in Wöbbelin

Um zu erkennen, ob der Spargel frisch ist, kann eine Qualitätsprüfung wie folgt vorgenommen werden:

Die schuppenartigen Köpfe der Spargelstange sind fest geschlossen. Reibt man zwei Stangen gegeneinander, müssen sie quietschen, dann sind sie ganz frisch. Auch die Schnittstellen an den Spargelenden sind nicht eingetrocknet, bei leichtem Druck werden sie feucht, und es tritt Spargelwasser aus. Diese Flüssigkeit duftet angenehm. Spargelstangen, die bei leichter Biegung bereits brechen, sind ganz frisch geerntet.

Spargelansatzstellen angetrocknet (links) und ganz frisch (rechts)

Sehr früh morgens, wenn der Tag anbricht, beginnt die Arbeitszeit der Spargelstecher. Auch die manuelle Ernte wurde verbessert. Es wurden neue Spargelstecher mit einer V-Kerbe entwickelt. Damit kann jede einzelne Spargelstange besser gestochen werden und keine nebenan stehende Stange wird verletzt.

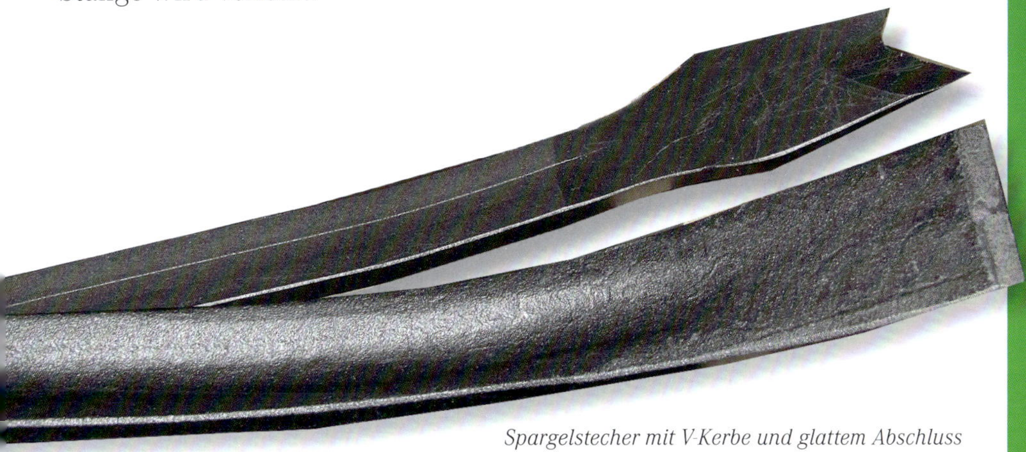

Spargelstecher mit V-Kerbe und glattem Abschluss

Bevor Geschmack und Nährstoffe verloren gehen, beginnen die Sortierung und die zeitnahe Auslieferung. Frischer geht es nicht!

Wenn Spargel auf Vorrat gekauft wird, dann maximal für 3 bis 4 Tage. Die ungeschälten weißen Stangen werden in feuchte Tücher eingewickelt, an kühlen Stellen oder im Kühlschrank gelagert. Eine längere Lagerung reduziert Frische und Vitamine.

Grünspargel wird nur am Stangenende in ein feuchtes Tuch gewickelt. Die Köpfchen bleiben draußen und trocken, denn sie vertragen keine Feuchtigkeit. Man kann ihn wie Schnittblumen 2 bis 3 cm tief ins Wasser stellen, um ihn 2 bis 3 Tage frisch zu halten.

Frisch in Folie verpackter Spargel wird auch per Maschine etikettiert.

Tipp (aus alten Zeiten): Spargel, der einige Tage frisch gehalten werden soll, in die Erde eingraben und mit Rasen bedecken. Auf alle Fälle nicht in Wasser lagern, da dadurch die Vitamine verloren gehen. Ist eine längere Vorratsplanung vorgesehen oder nötig, sollte der frisch gekaufte Spargel sofort eingefroren werden.

Vorbereitungen zum Einfrieren:

Bleichspargel waschen, trocken tupfen, nochmals anschneiden und küchenfertig schälen. Grünspargel wird nur bei Bedarf am Stangenende geschält. Den Spargel nicht blanchieren und auch nicht kochen. Den frischen Spargel in Gefrierbeutel schichten und gut luftdicht verschließen. Es sollte wenig Luft in dem gut gefüllten Beutel sein. Im Gefrierschrank ist eine Lagerung bis zu 6 Monaten möglich.

Tipp: Gefrorener Spargel wird vor dem Verbrauch in der Küche nicht aufgetaut! Die gefrorenen Stangen kommen ohne Umwege in den Topf mit kochendem Salzwasser zum Garen.

Bild rechts: *Spargel sauber gebündelt zum Verkauf*
Bild S. 26–27 *Spargelanbau und mittendrin die Vermarktungshallen; beste Voraussetzung für den Verkauf von erntefrischem Spargel.*

of peru
of peru

Traditionspflege und Brauchtum

Zahlreiche Museen im In- und Ausland widmen sich der Darstellung zur Herkunft und Geschichte dieses Edelgemüses.

Im Nationalmuseum in Neapel ist die älteste Darstellung eines Spargelbündels zu sehen. Es soll aus Pompeji, 10. Jh. v. Chr., stammen. Damit wird belegt, dass Spargel sehr früh als Nutz- und Nahrungspflanze bekannt war.

Wandgemälde aus Pompeji, 10. Jh. v. Chr.

1985 wurde in Schrobenhausen/Bayern das Deutsche Spargelmuseum eröffnet, das sich seit dieser Zeit profiliert hat und die Bezeichnung „Europäisches Spargelmuseum“ tragen darf. Eine Glättkelle, ein Spargelkorb und ein Stechmesser waren die ersten Stücke in dieser Sammlung. Heute informiert das Museum über die mehr als 100-jährige Anbaugeschichte des Schrobenhausener Spargels.

Über 1.000 Exponate beinhaltet in Burgdorf/Niedersachen die „Burgdorfer Spargelsammlung“ und erzählt von der 500-jährigen Geschichte des Spargels.
Der Burgdorfer Spargelweg führt durch die historische Altstadt, und in Burgdorf gibt es alljährlich einen „Spargellauf“.

Das „Nienburger Spargelmuseum“ ist nach Schrobenhausen (Bayern) und Beelitz (Brandenburg) das dritte Spezialmuseum zu Spargel.

Gemälde von Edouard Manet (Paris 1832–1883) - Spargelbündel, 1880 gemalt, Leinwand

Auf 150 m²Ausstellungsfläche erfahren die Besucher die 150-jährige Geschichte des niedersächsischen Spargels. Das Museum arbeitet eng mit der „Burgdorfer Spargelsammlung" zusammen. Auch einen „Nienburger Spargellauf" gibt es seit 1994 mit einer 2,5 km Rundstrecke.

In Beelitz-Schlunkendorf/Brandenburg werden viele Informationen zur Geschichte des Beelitzer Spargels vermittelt, der hier seit 1861 angebaut wird. Informationen erhält der Besucher über die in dieser Region vorhandenen zahlreichen Spargelhöfe und die Spargelstraße. Alljährlich findet am ersten Juni-Wochenende das Spargelfest in Beelitz statt. Das erste Fest gab es im Jahre 1934 und 1961 wurde hier ein Spargelfest anlässlich des 100-jährigen Anbaues des Edelgemüses gefeiert.

Das Vestische Spargelmuseum auf Hof Südfeld in Herten/Nordrheinwestfalen präsentiert ebenfalls die Geschichte des Spargels in dieser Region.

In Melderslo/Holland gibt es das Heimatmuseum „De Locht“, vereinigt mit dem 1. Nationalmuseum für Spargel- und Champignonzucht. Nord-Limburg ist das wichtigste Anbaugebiet für Spargel in den Niederlanden. Hier wird auch die längste Spargelstange der Welt (3,11 m) gezeigt.

Zum Brauchtum über den Spargel gehören auch Lieder, die ihm gewidmet sind.
Hier Auszüge aus dem Tafellied zur 25-jährigen Jubelfeier der Actien-Spargelbau-Gesellschaft zu Braunschweig am 21. Februar 1894 nach der Melodie „*Wenn ich des Morgens früh aufsteh*“:

Heut sind's fünfundzwanzig Jahr, Juchheidi, juchheida,
dass einstmals gegründet war, Juchheidi heida!
Unser Spargelbauverein,

Drum lasst uns heute lustig sein.
Juchheidi, juchheida, juchheidi hei dallala!
Juchheidi, juchheida, juchheidi heida.

Ach wie war das doch vor dem
Spargelbauern unbequem.
Wo er noch den Platz nicht fand,
auf dem guten Spargelland.

Aber gab es auch ein Bleek
wo der Spargel kam zu queek,
lief zum Markte man im Trapp:
„Wer kauft mir den Spargel ab?“

Daß dies nun sollt' anders sein,
gründeten wir den Verein.
Durch ihn wird gekrönt der Fleiß,
denn wir machen selbst den Preis.

Spargel hat, wie andere Pflanzen auch, seine eigenen Reime und Gedichte:

„Wenn du Kartoffeln oder Spargel isst,
schmeckst du den Sand der Felder und den Wurzelsegen,
des Himmels Hitze und den kühlen Regen,
kühles Wasser und den warmen Mist.“

Carl Zuckmayer (1896–1977)

„Denn Spargel, Schinken, Koteletts, sind doch mitunter auch was netts,...“

Wilhelm Busch (1832–1908), aus: Die fromme Helene

„Wer Spargel isst, der sündigt nicht.“

Volksmund

Zu den Traditionen im Spargelanbau gehören die Krönungen der zahlreichen Spargelköniginnen der verschiedenen Regionen, wie in Franken seit 1998.

Um den Spargel dreht sich auch alles bei der „Internationalen Fachmesse für Spargel“, der „interaspa“, die jährlich in Hannover stattfindet.

Inhaltsstoffe

Spargel besteht zu 93,6 % aus Wasser. Die Spargelstangen sind relativ nährstoffarm, enthalten aber 21 mg Vitamin C/100 g Frischspargel, aber auch Vitamin A, B und E. Weiterhin 2 % Eiweiß und Calcium, Eisen, Kalium, Magnesium und Phosphor. 100 g Spargel enthalten 25 Kalorien und nur 0,1 g Fett.

In 100 g Frischsubstanz sind im Durchschnitt enthalten: 210 mg Kalium, 45 mg Phosphor, 20 mg Calcium, 20 mg Magnesium, 4 mg Natrium und 1 mg Eisen.

An Vitaminen enthält Spargel: 500 IE* Vitamin A, 20 mg Vitamin C, 2,5 mg Vitamin E und 1 mg Niacin (alte Bezeichnung B3), 0,60 mg Vitamin B6, 12 mg Vitamin B2, 0,11 mg Vitamin B1.

Das Aroma des Spargels wird durch den relativ hohen Gehalt an freier Asparaginsäure bewirkt. Methylmerkaptan, schwefelhaltige ätherische Öle und Vanillin sind für den typischen Spargelgeschmack verantwortlich.

Für den Geruch nach dem Verzehr beim Urinieren ist der Aromastoff Asparagusinsäure verantwortlich. Dieser Inhaltsstoff wird im menschlichen Körper enzymatisch gespalten.

Dabei werden die geruchsintensiven schwefelhaltigen Verbindungen gebildet und später ausgeschieden. Allerdings, so die Wissenschaftler, können die Geruchsbildungen sehr individuell ausgeprägt sein.

* Internationale Einheit (Abkürzung IE oder I.E). ist eine Maßeinheit für viele in der Medizin verwendete Präparate wie z. B. Heparin und Insulin. Sie ist durch Referenzpräparate oder international vereinbarte Standards definiert und wird für eine reproduzierbare Dosierung der Präparate anhand ihrer Wirkung (und nicht ihrer Stoffmenge) eingesetzt.

Heilwirkungen und -anwendungen

Allgemein gilt Spargel als „Schönheitsvitamin", das zu den Jungbrunnenspendern für den Körper gehört. Das *Biotin* im Spargel erhöht die Geschmeidigkeit der menschlichen Haut. Das *Niacin* weckt die Lebensfreude und sorgt für einen erholsamen Schlaf. Die *Pantothensäure* sorgt für schönes Haar und Vitalität.

„Spargel in der Speis genossen, bringt lustige Begierde den Männern."

Spruch aus dem 16. Jahrhundert

Spargel besitzt eine aphrodisierende Wirkung. Schon Hippokrates (um 460 v. Chr.) wies auf die potenzsteigernde Wirkung des Spargels hin und darauf, dass der Spargel die Empfängnis verhüten könne und die Monatsblutung fördere. Es gab natürlich auch Warner, wie Pierre de Bourdeille, seigneur de Brantôme (um 1540–1614), der die Ehemänner und Liebhaber vor Damen warnte, die Spargel verzehrten.

In Schwaben wird vom Spargel wie folgt gesprochen: *„Was der Herr Pfarrer wohl weiß; drum baut er so fleißig Spargel."*

In der Steiermark ist bekannt, dass der Spargelsamen mit Wein gegen Unfruchtbarkeit hilft.
Einen exakten Beweis für die steigernde Wirkung des Spargels auf die Libido konnte die Wissenschaft bisher nicht belegen; vielleicht gibt es ihn gar nicht. Aber Fantasien gibt es beim Anblick der wohl geformten prächtigen Spargelstangen...

Heilanwendung

Die Chinesen glauben, dass die Sexualität auch in den Nieren eins ihrer Zentren hat und damit der Genuss von Spargel auch Einfluss auf die Yin-Kraft des Körpers habe. Der Spargel, das meinen auch die Chinesen, rege die Produktion von Körpersäften an und helfe dem Körper zu entschlacken, auch besonders die Nieren zu reinigen. Spargel hilft den weiblichen Zyklus zu regulieren und soll bei Männern die Produktion von Spermien fördern.

Spargel reizt den Geruchs- und Geschmackssinn, der Puls erhöht sich dabei und der Körper wird besonders in den unteren Regionen von einer wohligen Wärme durchzogen. Wer jetzt nicht auf Ideen kommt, dem ist nicht zu helfen.

In der Spargelstadt Abensberg steht ein 2,5 m großer Phallus in Form einer Spargelstange. Er wurde dort als Skulptur im Jahre 2011 aufgestellt.

Nicht nur die alten Griechen und Römer schworen auf die Heilwirkung des Spargels, auch die Inder waren diesbezüglich von diesem zarten Gemüse überzeugt.

Ein altes Rezept dazu:

2.000 ml Wasser und 500 g küchenfertigen Spargel in einen Topf geben und darin den Spargel ca. 30 Min. lang auskochen. Die Stangen entnehmen und den Sud deutlich reduzieren. Mit Kardamompulver und Rohrzucker je nach Geschmack verfeinern. Dieses Spargelwasser wird lauwarm getrunken. Nicht alles auf einmal, sondern in 2 bis 3 Portionen pro Tag.

„Spargel verbessert die Sehkraft, bringt die Verdauung in Schwung, wirkt aphrodisisch, entwässert sehr wirksam und lindert Schmerzen der Lenden und Nieren."

Plinius (79 n. Chr.)

Die officinen, also heilenden Pflanzenteile beim Spargel, sind die Wurzeln, aber auch die Stangen, die so gerne gegessen werden.

In der chinesischen Medizin soll der Spargel bereits vor über 5.000 Jahren bei Blasenleiden, Geschwüren und Husten angewendet worden sein.

Die Ägypter kannten die heilenden Vorzüge des Spargels bereits vor 4.500 Jahren und nutzten seine heilende Wirkung ähnlich wie die Chinesen. Griechen und Römer, so wird berichtet, kannten ihn bereits ab dem 2. Jh. v. Chr. Die Griechen schätzten schon damals die entschlackende Wirkung des wild wachsenden Spargels zur Stabilisierung oder gar Verringerung des Gewichts.

Hippokrates (um 460 v. Chr.) schrieb als erster nieder, dass Spargel eine Heilpflanze seiner Zeit war und besonders zur blutreinigenden und harntreibenden Wirkung beim menschlichen Körper verordnet wurde.

Tabernaemontanus (1522–1590) kannte schon zwei Arten von Küchenspargel und drei Arten Wildspargel. Dem Wildspargel schrieb er die größere Heilkraft der Spargelarten zu. Zu seinen Rezepturen gehörten Spargelwein und auch destilliertes Spargelwasser. So ist es in seinem „Neuwen Kreuterbuch" nachzulesen.

Spargelsaft

Spargel ist also blutreinigend und harntreibend, hilft bei Gicht, Gelbsucht, Hämorrhoiden, Herzrasen, Husten mit blutigem Auswurf, Lungenleiden, Milz- und Leberleiden, Magenschwäche, Milchschorf, Rheumatismus, Ruhr und Steinleiden sowie bei mangelhafter Potenz.

Beachtet werden sollte aber, dass Spargel 25 mg Harnsäure/100 g enthält. Wer Probleme mit Nierensteinen bzw. entzündliche Zustände an den Nieren hat, sollte sich beim Spargelverzehr zurück halten.

Fragen Sie bitte dazu Ihren Arzt oder Apotheker.

Für Entwässerungskuren des Körpers werden heute Brennnessel-Löwenzahn-Spargel-Präparate genutzt, die in Apotheken erhältlich sind. Natürlich sind zahlreiche weitere Spargelpräparate erhältlich wie Kapseln, Saft, Tabletten oder Tropfen; meist mit dem Hinweis zum Schlankwerden. In Apotheken und Reformhäusern gibt es Spargelsaft und Spargelkapseln, die eine entwässernde Wirkung besitzen.

Vom Spargel werden für die Herstellung von Mixturen nicht nur die Sprossen, sondern auch die Samen und Wurzeln gekocht, getrocknet oder bereits in pulvriger Form verwendet.

Spargelsaft

Zutaten:
750 g Spargel
75 ml Grapefruitsaft
2 große Kartoffeln
Koriander
Petersilie
frisch gemahlener schwarzer Pfeffer
Salz

Spargel und Kartoffeln küchenfertig zubereiten, klein schneiden, getrennt entsaften. Saft jeweils auf 3 Gläser verteilen. Petersilie waschen, ausschwenken, trocken tupfen und klein schneiden. Saft mit Petersilie, mit Pfeffer und Salz würzen, eine Prise Koriander und den Grapefruitsaft zugeben und gut umrühren. Zur Diät 1 bis 2 Gläser pro Tag trinken.

Fragen Sie bitte Ihren Arzt oder Apotheker!

In der Homöopathie kommt der Spargel auch zum Einsatz, z.B. bei Diabetes, Hautunreinheiten, zeitweiliger Impotenz, Milz- und Leberleiden und auch Prostatahypertrophie.

Die Wurzel galt früher als Heilmittel, als offizinell. Die Samen wurden als Kaffeesurrogat verwendet.

Spargelwasser, diesmal mit etwas Orangensaft und Petersilie

Spargel in der Küche

„Morgens gestochen und mittags verzehrt."

Ein alter Küchenspruch

Der erntefrische Spargel, das „Königliche Gemüse", das „Elfenbein zum Essen" oder auch „weißes Gold" genannt, wird nach Möglichkeit sofort zubereitet und entsprechend des Rezeptes auf den Tisch gebracht.

Das erste Rezept über die Zubereitung von Spargel stammt wahrscheinlich von Gavius Apicius, einem Römer, der um 40 v. Chr. den Spargel in Eierkuchen empfahl bzw. dessen Zubereitung niederschrieb.

In dem Kochbuch der Lisette Reuter aus dem Jahr 1827 steht geschrieben: *„Verfahren der Engeländer, im Frühjahr den gestochenen Spargel aufzubewahren, daß derselbe im folgenden Winter genossen werden kann:*
Man sucht die schönsten Stangen vom Stiche in der Spargelzeit des Frühjahres aus, wäscht denselben von anhängender Erde sorgfältig rein und trocknet ihn mit einem Tuche gut wieder ab. Zu gleicher Zeit wird Mehl oder Kleie recht wohl gedörrt und mit etwas geröstetem Salze vermengt. Von dieser trocknen Mischung nimmt man eine Hand hohe Unterlage; in ein luftdichtes Gefäß, legt darauf eine Reihe Spargel nebeneinander, streut ein zwei Zoll hoch von der Mengung, und fährt so mit dem Einlegen der Spargel, und dem Aufstreuen derselben fort. Die oberste Lage muß von Mehl oder Kleie bestehen, auf die nun nachdem dieselbe etwas fest gedrückt worden, zerlaßnes Unschlitt oder anderes Fett gegossen, und darauf das gegen Zugang der Luft ins innere verwahrte Gefäß an einen trocknen Ort gestellt wird. Der Spargel hält sich, auf diese Art verwahrt, bis wieder frischer gestochen werden kann."

Zubereitung

Als Hauptzutat wird Spargel je Person mit etwa 500 g Spargel angegeben. Wird der Spargel als Beilage gereicht, werden nur 300 g je Person veranschlagt. In älteren Kochbüchern wird auch 375 g empfohlen. Bei Spargel aus der Dose wurden früher 175 g als völlig ausreichend angesehen.

Zu den Küchengeräten für die Zubereitung von Spargel gehören z.B.: **Spargelheber**, ähneln Tortenhebern, aber ihre Oberfläche ist gebogen. Bekannt waren diese Spargelheber bereits im 19. Jahrhundert. Sie wurden auch auf Gemälden verewigt und sind damit nachweisbar.

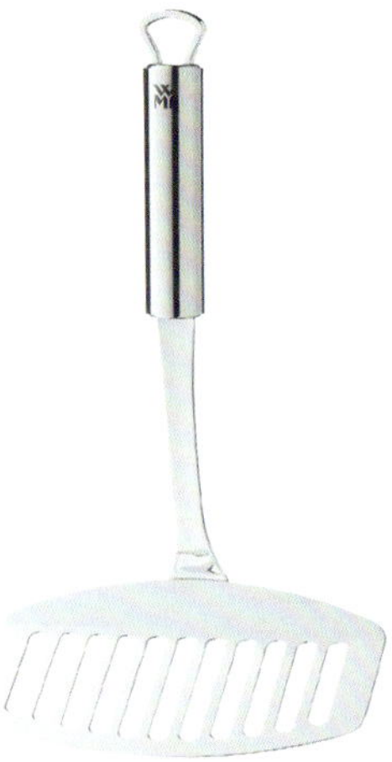

WMF Spargelheber

Bild u: *WMF Spargelschäler in der Anwendung*

Spargeldeckel, in der Form von Spargelbündeln zierten Deckeldosen. Darin befanden sich Butter oder die Soße. Sie sahen wie Spargel aus und täuschten die Gesellschaft bei Tisch.

Spargelliege, wurde eine Abtropfplatte genannt, auf die der frisch gekochte Spargel zum Abtropfen gelegt wurde und ohne Sud aufgetragen werden konnte.

Spargelschäler, wird ein Küchenhelfer genannt, mit dem der Spargel hauchdünn geschält werden kann.

Spargeltopf, das ist ein extra hoher schmaler Topf, in dem die Spargelstangen stehend gegart werden können.

Die zarten Köpfe sind beim Kochen schneller gar als die dickeren Stangen, dies wird darin ausgeglichen. Der Topf darf nicht aus Aluminium sein, weil sich der Spargel darin grau verfärben würde.

Zu weiteren Geräten beim Spargelkochen gehören eine **Spargelzange** und ein **Spargeltablett**.

WMF Spargelschäler

WMF Spargelkochtöpfe mit Einsatz für stehendes Kochen

Zur Art des Spargelessens

Benimmregeln für den Verzehr von Spargel bei Tisch gibt es schon lange. Es war erlaubt, die Spargelstangen mit den Fingern zu essen. Heute nimmt man Messer und Gabel, knickt die Spargelstange in der Mitte, sticht mit der Gabel ein und führt diese zum Mund.

Dicke Stangen können auch quer geschnitten werden und diese mundgerechten Stücke werden dann mittels Gabel verzehrt. Dies wurde in gehobenen Schichten im 16. Jahrhundert eingeführt. Vornehm galt früher der Verzehr mittels einer Spargelzange.

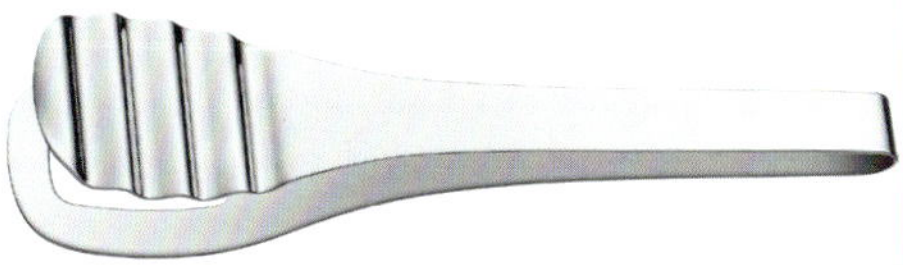

WMF Spargelzange
Bild u: *WMF Spargeltablett*

Zubereitung des Spargels

„Spargel behandelt man wie eine Frau: Vorsichtig am Kopf anfassen und feinfühlig nach unten streicheln."

Karl-Heinz Funke

Spargel wird generell unter kaltem Wasser sauber gewaschen, abtropfen gelassen und dann geschält. Ob dazu ein spezieller Spargelschäler, Gemüseschäler (Pendelschäler) oder ein Messer verwendet wird, liegt im persönlichen Ermessen.

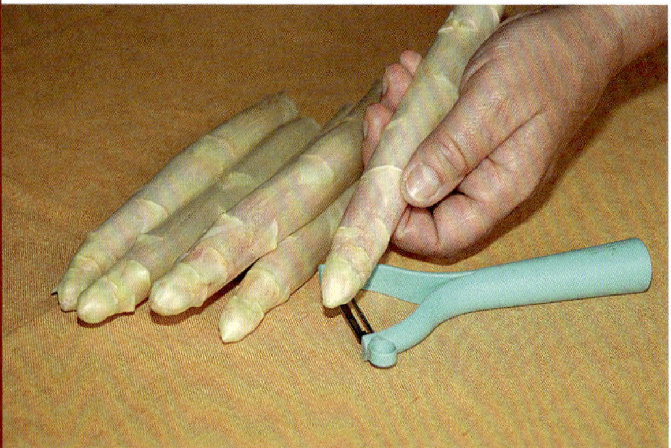

Das Schälen kann beginnen...

Bild u: *Spargel wird vom Kopf beginnend geschält.*

Empfohlen wird, Bleichspargel kurz vor dem Schälen ca. 3 bis 5 Min. in lauwarmes Wasser zu legen. Dann brechen die Stangen beim Schälen mit der Hand nicht so schnell und die Schale lässt sich leichter entfernen.

Der Schäler wird beim Bleichspargel kurz unterhalb des Kopfes angesetzt und zum Stangenende hin gezogen. Am Kopf wird ganz dünn geschält, zum Ende der Spargelstange hin wird die

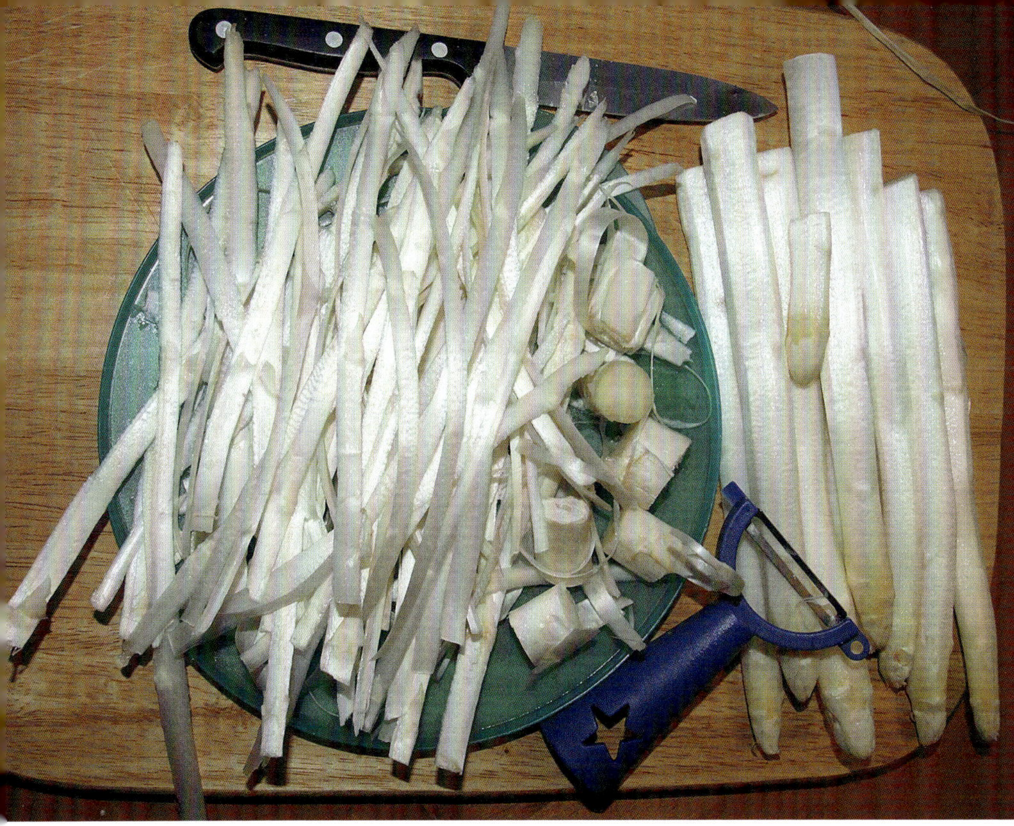

Bleichspargel küchenfertig zubereitet

Schale etwas dicker, da die Schale hier auch holziger ist. Nicht zu dünn schälen, sonst gibt es beim Essen einen nicht ganz so großen Genuss an den manchmal holzigen Schalenresten.

In der Regel ist durch das Schälen mit ca. 30 % Verlust vom Ausgangsgewicht zu rechnen. Ein Stück vom Ende wird zum Schluss des Schälvorgangs abgeschnitten.

Die Schalen der Spargelstange und das Endstück können zu einer leckeren Spargelsuppe verarbeitet werden, ebenso der Sud vom Spargelkochen.

Die Spargelenden werden auch getrocknet und als Fleischgewürz verwendet.

Grünspargel nur bei Bedarf am Stangenende schälen.

Spargelschalen werden zum Klären von Brühen genutzt. Auf 2.000 ml Fleischbrühe wird eine Handvoll frischer Schalen empfohlen.

Violetter Spargel muss deutlich weniger geschält werden und Grünspargel – wie bereits erwähnt – meist überhaupt nicht. Es wird nur ein Stückchen vom Ende der Spargelstange abgeschnitten. Nun ist der Spargel küchenfertig. Es wird empfohlen, die violetten Spargelstangen längs zu halbieren und an der Schnittfläche kurz anzubraten. Dann bleibt beim Kochen die Farbe erhalten.

Bis zu 10 Spargelstangen werden mit Küchengarn ein- bis zweimal zusammengebunden, dadurch können sie am Ende der Kochzeit leichter aus dem Wasser gehoben werden. Den Faden nicht zu fest um die Stangen binden, sonst bricht der Spargel an dieser Stelle durch. Jetzt in einen breiten Topf längs hineinlegen oder im Spargeltopf stehend kochen.

Es sollte nur soviel Wasser verwendet werden, dass die Stangen des Spargels gerade bedeckt sind. Wird der Spargel stehend gekocht, so schauen die Köpfe deutlich aus dem Wasser, nur die Stängel stehen im Wasser.

Die Stangen kommen direkt ins kochende Wasser. Dickere Spargelstangen benötigen 12 bis 20 Min. Garzeit. Wenn er „bissfester" zubereitet werden soll, dann ca. 3 bis 4 Min. garen und dann noch ca. 6 bis 8 Min. ziehen lassen. Wenn mit einer Gabel das Ende der Spargelstange leicht angestochen werden kann, ist er gar. Eine Stange quer über eine Gabel legen. Biegt sie sich elastisch darüber, dann ist ebenfalls der Garzeitpunkt erreicht. In anderen Ländern wird auch empfohlen, mit einem Messer die Spargelstange vorsichtig anzustechen, um festzustellen, ob der Spargel gar ist. Nicht zerkochen, also fast matschig werden lassen.

Vorteilhaft ist, gleichmäßig dicke Stangen gemeinsam zu kochen, dann werden sie gleichzeitig gar. Grüner Spargel hat eine deutlich kürzere Kochzeit.

In das Kochwasser wird für einen besseren Geschmack eine Prise Salz gegeben; maximal 1 TL Salz auf 1.000 ml Kochwasser. Etwas Zucker neutralisiert die Bitterstoffe des Spargels. Durch einen Schuss Zitronensaft werden Verfärbungen des schönen bleichen Spargels verhindert.

Wenn der Spargel leicht bitter schmeckt, dann einige Weißbrotstückchen mitdünsten. Zu empfehlen ist beim Kochen von Bleichspargel die Zugabe von etwas Butter, Muskat oder Weißwein.

Zubereitung

Bleichspargel zum Kochen gebündelt

Als Richtwert wird empfohlen, auf 2.000 ml Wasser ca. 15 g Butter, 15 g Salz und 5 g Zucker zuzugeben, damit der Bleichspargel seinen Geschmack nicht verliert.

Beim Grünspargel ist darauf lieber zu verzichten, denn die schönen grünen Stangen nehmen dann eine leicht graue Färbung an.

Größere Mengen von Spargel werden in der Fettpfanne im Backofen zubereitet. Die Fettpfanne wird mit Alufolie abgedeckt, damit möglichst kein Dampf entweichen kann.

Geschmacklich verbessert werden die Spargelstangen, wenn sie statt im Wasser im Sud der gekochten Spargelschalen bzw. Stangenabschnitte gekocht werden.
Gut abtropfen lassen und sofort noch heiß servieren.

„Es kann nur der kochen, dem es gelingt, Spargel ohne Zutat in wonnigster Vollendung aufzutischen.“
Lucius Licinius Lucullus (117–56 v. Chr.)

Küchenrezepte

Spargel ist vielseitig in der Küche zu verarbeiten. Dazu gehört sogar Marmelade aus Spargel. Das vorliegende Buch enthält als Besonderheit eine Vielzahl an Rezepten mit Saucen zu Spargel.

Als Grundlage für die Rezepte wird küchenfertiger Spargel verwendet.

Spargel küchenfertig

Spargel waschen, trocken tupfen, ca. 1 cm vom Stangenende abschneiden, je nach Art dünn schälen.

Salate, Vorspeisen und Beilagen

Fränkischer Spargelsalat

Zutaten:

1.000 g Spargel
3 EL Essig
3 EL ÖL
1 EL Butter
Petersilie
frisch gemahlener schwarzer Pfeffer
Salz
Schnittlauch
Zucker

Spargel küchenfertig zubereiten; einen Topf mit Wasser zum Kochen bringen und Butter sowie 1 gute Prise Salz und Zucker zugeben. Spargel hinzugeben und ca. 10 bis 15 Min. kochen lassen, Spargel abkühlen lassen.
Petersilie und Schnittlauch waschen, ausschwenken, trocken tupfen und fein schneiden.
In eine Auflaufform 4 Schöpflöffel Spargelsud geben und diesen mit Essig, Öl, Salz, Petersilie, Pfeffer, Schnittlauch und Zucker abschmecken. Spargelstangen in den Sud geben und ca. 90 bis 120 Min. ziehen lassen.

Spargelsalat

Zutaten:

350 g weißer Bleichspargel
4 EL Walnussöl
2 Eier
2 EL Weißweinessig
1 Bund Brunnenkresse
1/2 Vanilleschote
1/2 TL Dijonsenf
Kapuzinerkresseblüten
frisch gemahlener schwarzer Pfeffer
Salz
Zucker

Spargelsalat mit Kräutern

Eier mindestens 10 Min. hart kochen. Spargel küchenfertig zubereiten, Spargelköpfe längs halbieren. Die Stängel schräg bis 3 cm unterhalb des Kopfes in ca. 2 mm dünne Scheiben schneiden; Brunnenkresse waschen, gut ausschütteln, trocken tupfen und Blätter abzupfen. Eier abschrecken, schälen, sechsteln. Vanilleschote längs aufritzen, Mark herauskratzen und in eine Schale geben, mit Essig, Senf und je 1 Prise Salz, Zucker und Pfeffer vermengen. Öl unterschlagen bis zu einer cremigen Masse, Spargel zur Soße geben und darin mehrmals wenden; mit den Brunnenkresseblättern und den Eiern auf zwei Tellern anrichten. Mit Kapuzinerkresseblüten garnieren.

Blüten der Kapuzinerkresse bringen Farbe auf den Teller.

Bild re: *Grüner Spargelsalat mit getrockneten Tomaten*

Grüner Spargelsalat

Zutaten:
700 g grüner Spargel
300 g rosè Champignon
200 g Pouligny-saint-pierre (Ziegenkäse)
12 eingelegte getrocknete Tomaten
3 EL Zitronensaft
3 EL Olivenöl
3 EL Öl der eingelegten Tomaten
1 Bund Kerbel
Meersalz
Zucker

Spargel küchenfertig zubereiten, im Salzwasser mit 1 Prise Zucker ca. 4 Min. garen, herausnehmen und gut abtropfen lassen; Kerbel waschen, trocken tupfen. Kerbel von den Stängeln zupfen, fein hacken, die Tomaten in Streifen schneiden. Champignons küchenfertig zubereiten, vierteln und in heißem Olivenöl anschwitzen, mit Salz würzen. Die Pfanne vom Herd nehmen, Tomaten und Tomatenöl zugeben und mit Kerbel, Salz und Zitronensaft würzig-säuerlich abschmecken. Ziegenkäse zerbröckeln, mit der Marinade über den Spargel geben und lauwarm servieren.

Spargelschnitte

Zutaten:
500 g Bleichspargel
500 g grüner Spargel
200 g Schinken
150 g Reibekäse
125 ml Milch
50 g Sahne
4 Scheiben Roggenbrot
2 EL Butter
2 EL Mehl
Kresse
Muskat
frisch gemahlener schwarzer Pfeffer
Salz

Spargel küchenfertig zubereiten, dann garen. Schinken würfeln, Butter erhitzen und Mehl darin anschwitzen, Milch zugeben, ca. 5 Min. köcheln lassen.
80 g Käse, Sahne und Schinken unter die Soße rühren und mit Muskat, Pfeffer und Salz abschmecken. Roggenbrote toasten, Backblech mit Backpapier auslegen, Brote darauf legen und mit Spargel belegen, Soße darüber geben und mit dem restlichen Käse bestreuen. Im vorgeheizten Backofen bei ca. 200°C etwa 15 Min. überbacken und die fertigen Spargelschnitten mit frisch geernteter, klein geschnittener Kresse bestreuen.

Spargel-Ei-Schnitte

Zutaten:
500 g Dosenspargel
375 ml Milch
340 g Dosenchampignons
200 g Kochschinken
125 ml Sahne
4 Scheiben Weißbrot
3 EL Butter
2 Eier
1 Bund Petersilie
1 TL Mehl
1 Prise frisch gemahlener weißer Pfeffer
1 Prise Salz
1 Prise Zucker

Spargel über einem Sieb ausgießen, abtropfen lassen, das Spargelwasser aufheben. Champignons aus der Dose nehmen und abtropfen lassen. 1 EL Butter in einem Topf erhitzen und Champignons darin dünsten. Diese mit Mehl bestäuben, gut umrühren und 250 ml Spargelwasser zugeben, laufend rühren und aufkochen lassen. Die Petersilie waschen, ausschwenken, trocken tupfen, fein hacken, 1 TL voll beiseite legen, restliche Petersilie und Sahne unterrühren, mit weißem Pfeffer, Salz und Zucker würzen.

Spargel zugeben und umrühren, Eier mit einer Prise Salz und Milch verquirlen. Die Hälfte der Eimilch über die Weißbrotscheiben geben und diese kurz quellen lassen. Schinken in Würfel schneiden, dann 2 EL Butter in einer großen Pfanne erhitzen. Die aufgequollenen Scheiben hineinlegen, mit dem Rest der Eimilch übergießen und den gewürfelten Schinken bestreuen. Das Ganze bei mittlerer Hitze stocken lassen, Schnitten aus der Pfanne nehmen und auf Teller anrichten. Spargelgemüse darüber geben und mit dem TL Petersilie bestreuen.

Spargelsalat und Zuckerschoten

Zutaten:

600 g grüner Spargel
250 ml Spargelkochwasser
150 g Zuckerschoten
3 EL Öl
2 EL Weißweinessig
1 EL Kerbel
frisch gemahlener weißer Pfeffer
Salz

Spargel küchenfertig zubereiten, im Salzwasser aufkochen lassen, weitere ca. 5 Min. zugedeckt köcheln; Zuckerschoten waschen, trocken tupfen und putzen, dann zum Spargel geben und nochmals 5 Min. garen. Spargel und Zuckererbsen herausheben und auf einer tiefen Platte anrichten, 250 ml des Spargel-Zuckererbsen-Kochwassers mit Essig und Öl gut vermischen und über das Gemüse geben. Mit weißem Pfeffer würzen und lauwarm abkühlen lassen. Kerbel waschen, ausschwenken, trocken tupfen und die Blättchen fein hacken. Danach den Spargel damit bestreuen und sofort servieren.

Grüner Spargel mit Käse

Zutaten:

600 g grüner Spargel
125 g Gouda
4 Scheiben Vollkornbrot
4 EL Sauce Hollandaise
3 EL Butter
1 EL Paniermehl
1 EL Petersilie
Salz

Spargel küchenfertig zubereiten, im kochenden Salzwasser bissfest garen. Butter in einer Pfanne erhitzen und Brotscheiben darin anrösten. Die gut abgetropften, aber noch heißen Spargelstangen auf dem Brot verteilen, den Backofen auf höchster Stufe vorheizen. Sauce Hollandaise zubereiten, mit dem geriebenen Gouda und dem Paniermehl verrühren. Spargelbrote auf ein Backblech legen, mit der Soße überziehen und im Grill ca. 5 Min. goldgelb überbacken. Petersilie waschen, ausschwenken, trocken tupfen, fein hacken und über die frisch gebackenen Brote streuen, sofort servieren.

Grünspargel auf Schwarzbrot, überbacken mit Käseaufstrich

Avocadocreme mit Spargel

Zutaten:
2 Avocados
125 ml Crème fraîche
1 EL Zitronensaft
2 TL Limettenschale
Meersalz
frisch gemahlener schwarzer Pfeffer

Avocados (ausgereifte Früchte, die dem Druck mit der Fingerspitze auf die Schale nachgeben) längs halbieren, den Kern und das Fruchtfleisch herauslösen; Zitronensaft auf das Fruchtfleisch geben und pürieren; Limette waschen, trocken tupfen, Schale mit Zestenschäler abschaben und mit Pfeffer und Meersalz würzen; Crème fraîche unterziehen; Creme auf den angerichteten Spargel geben und servieren.

Spargelsalat mit Räucherlachs

Zutaten:
400 g Bleichspargel
200 g Räucherlachs
1 Salatherz
1 TL Butter
1 Zitrone
frisch gemahlener schwarzer Pfeffer
Salz
Zucker

Vinaigrette:
100 ml Spargelfond
3 EL Pflanzenöl
2 EL Zitronensaft
1 EL Dijonsenf
$^1/_2$ Bund Dill
Estragon
1 Prise frisch gemahlener schwarzer Pfeffer
1 Prise Salz
1 Prise Zucker

Spargel küchenfertig zubereiten; in Salzwasser mit Butter, dem Saft einer halben Zitrone und Zucker ca. 10 bis 15 Min. bissfest garen, dann den Spargel herausheben und warm abstellen.
100 ml Spargelfond beiseite stellen, eine Zitronenhälfte in Scheiben schneiden.
Vinaigrette: Dill und Estragon waschen, ausschwenken, trocken tupfen und fein hacken. Dill, Estragon, Öl, Senf und Spargelfond gut verrühren, mit Pfeffer, Salz und Zucker abschmecken.
Salatherz waschen, gut ausschwenken und auf einem Teller anrichten. Lachsscheiben und einige Zitronenscheiben darauf geben. Spargel – die Spitzen zum Tellerrand – dazugeben und mit Vinaigrette beträufeln, servieren.

Spargelsalat mit Hähnchenbrust (diabetisch)

Zutaten:
12 Stangen Bleichspargel
400 g Hähnchenbrust (ohne Haut)
200 ml Wasser
100 g Sesamsamen
40 g Butter
2 Eiweiß
1 Tomate
1 EL Öl
Vinaigrette:
100 ml Traubenkernöl
4 TL Geflügelbrühe
2 EL Champagneressig
1 Bund Kerbel
frisch gemahlener schwarzer Pfeffer
Salz
flüssiger Süßstoff

Spargel küchenfertig zubereiten; in einem Topf 200 ml Wasser mit 20 g Butter, 1 Prise Salz und etwas Süßstoff aufkochen, Spargel zugeben und ca. 15 Min. garen. Spargel heraus nehmen und mit kaltem Wasser abschrecken. Danach die Spargelköpfe abschneiden, beiseite legen, Spargelstangen schräg in Stücke schneiden und Essig, Geflügelbrühe und Traubenkernöl zu einer Vinaigrette vermengen; mit Pfeffer, Salz und Süßstoff würzen; Kerbel waschen, ausschwenken, trocken tupfen, Blättchen abzupfen, fein hacken und zur Vinaigrette geben, Spargelstücke zugeben, gut vermischen und auf Tellern anrichten; Hähnchenbrustfilets waschen, trocken tupfen; mit Pfeffer und Salz würzen, die Eier trennen und das Eiweiß etwas schaumig schlagen. Die Filets zuerst im Eiweiß, dann im Sesam wenden, im erhitzten Öl und Butter goldbraun braten, wenden und fertig braten. Herausnehmen, in Streifen schneiden und auf dem Salat anrichten; Tomate überbrühen, häuten, halbieren, entkernen, in Würfel schneiden und über den Salat geben.

Spargeldekoration auf Canapès

Spargelsalat mit Lammfilet

Zutaten:
500 g weißer und grüner Spargel
600 g Lammfilets vom Rücken (4 Stück)
2 El Weißweinessig
2 EL Wasser
2 TL Maiskeimöl
1 EL Rosinen
1 Schalotte
1 TL Senf
1 TL Pinienkerne
frisch gemahlener schwarzer Pfeffer
Salz

Den Spargel küchenfertig vorbereiten und die Stangen schräg in dünne Scheiben schneiden. Einen TL Öl erhitzen und den Spargel ca. 5 Min. darin bissfest dünsten. Mit Pfeffer und Salz würzen, die Schalotte schälen und fein hacken. Essig, Schalotte, Senf und Wasser verrühren, Spargel darin marinieren, abkühlen lassen. Pinienkerne ohne Fett rösten, Restöl erhitzen und Lammfilet ca. 3 Min. von jeder Seite braten. Mit Salz und Pfeffer würzen; Rosinen im Bratfett schwenken und das Lammfilet mit Pinienkernen, Rosinen und Spargel anrichten.

Spargelröllchen

Zutaten:
16 Stangen Bleichspargel
500 g Kalbsnuss
80 g rohe Schinkenscheiben
60 ml Weißwein
4 Scheiben Asiagokäse
2 EL Olivenöl
1 Knoblauchzehe
1 Bund Petersilie
frisch gemahlener schwarzer Pfeffer
Salz
Weizenmehl
Zahnstocher

Spargel küchenfertig zubereiten. Petersilie waschen, ausschwenken, trocken tupfen und fein hacken. Auch den Knoblauch schälen und klein hacken. Kalbsnuss in 8 Scheiben schneiden, auslegen und mit Pfeffer und Salz würzen. Je Scheibe Fleisch eine halbe Käsescheibe und eine ganze Scheibe Schinken sowie 2 Spargelstangen mittig legen, zusammenrollen und mit einem Zahnstocher fixieren. Im Mehl wenden, in einer Pfanne Olivenöl erhitzen und die Röllchen anbraten. Mit Weißwein ablöschen, nach Geschmack mit Pfeffer und Salz abschmecken und langsam zum Kochen bringen bis sie gar sind und dann servieren.

Suppen

Spargelcremesuppe

Zutaten:
500 g Spargel
500 ml Brühe
250 ml Weißwein
3 EL Sahne
1 EL Butter
1 EL Schnittlauch
2 TL Mehl
Cayennepfeffer
Salz

Brühe zubereiten. Spargel waschen, trocken tupfen, schälen, in gleich lange Stücke schneiden und in der Brühe ca. 20 Min. bei mäßiger Hitze garen. Butter schmelzen und Mehl darin goldgelb anschwitzen. Den ganzen Spargelsud angießen, sofort kräftig mit dem Schneebesen rühren, Klümpchenbildung unbedingt vermeiden. Weißwein zugeben, umrühren und nochmals kurz aufkochen. Mit Cayennepfeffer und Salz würzen, Spargelstücke zugeben und Sahne unterziehen. Schnittlauch waschen, ausschwenken, trocken tupfen, in feine Röllchen schneiden und über die Cremesuppe streuen. Heiß servieren.

Bild oben: *Spargelsuppe mit Cayennepfeffer*
Bild links: *Spargelsuppe mit geschlagener Butter*

Spargelschalensuppe

Zutaten:
Spargelschalen und
Endstücke der Stangen
Crème Fraîche
Eier
Pfeffer
Salz
Zitronensaft

Spargelteile eben mit Wasser bedecken und ca. 20 bis 30 Min. kochen, durch ein Sieb gießen. Schalen und Endstücke ausdrücken und mit den weiteren Zutaten verfeinern.

Bild oben: *Spargelschalensuppe*
Bild rechts: *Spargelschalen für eine Suppe*

Soßen zu Spargel

Der Spargel wird küchenfertig zubereitet und mit etwas Butter und Salz im Kochwasser gegart. Die Spargelstangen aus dem Wasser nehmen, gut abtropfen lassen und diese dann auf die vorgewärmten Teller geben. Mit der jeweiligen Soße anrichten.

Nachfolgend stellen wir eine Vielzahl von Soßenvarianten vor, die wir alle selber ausprobiert haben.

Bröselbutter (Beurre polonaise)

Auch als Polnische Butter bezeichnet.

Zutaten:

50 g Butter
3 EL Semmelbrösel
$^1/_2$ TL abgeriebene Zitronenschale
1 Prise Muskatnuss
1 Prise Salz
1 Prise frisch gemahlener schwarzer Pfeffer

Bröselbutter auf Pflaumenknödel

Butter im Pfännchen zergehen lassen, frisch geriebene Semmelbrösel (auch Panierbrot, Semmelmehl genannt) darin goldbraun rösten. Mit Zitronenschale, Muskatnuss und etwas Pfeffer und Salz würzen. Noch heiß, frisch aus der Pfanne, über den servierten Spargel verteilen.

Zerlassene Butter (Beurre fondu)

Butter im Tiegel schmelzen und vor dem Servieren über den Spargel füllen.

Butter, zerlassen im Tiegel

Braune Butter (Beurre noir)

Butter im Pfännchen erhitzen und leicht gebräunt zum frisch gekochten, gut abgetropften Spargel reichen.

Geklärte Butter (Beurre clarifié)

Butter in einem Topf bei schwacher Hitze zerlassen. Den entstandenen Schaum vorsichtig abschöpfen und die klare Butter zum Servieren in eine gesonderte Schüssel abgießen. Im Topf bleibt ein milchiger Bodensatz zurück.

Geschlagene Butter (Beurre battu)

Zutaten:
250 g Butter
30 g Sahne
20 ml Zitronensaft
2 g Salz
Cayennepfeffer

Geschlagene Butter

Die zimmerwarme gut knetbare Butter mit dem Rührgerät schaumig schlagen; Cayennepfeffer, Salz und Zitronensaft hinzugeben und gut vermengen. Sahne steif schlagen und 3 EL unter die Butter heben.

Haselnuss-Butter (Beurre noisette)

Zutaten:
1.000 g grüner Spargel
100 g Butter
4 EL Haselnussblättchen
geriebener Parmesan
frisch gemahlener weißer Pfeffer
Salz

Spargel küchenfertig zubereiten, bissfest garen. Butter bei mittlerer Hitze schmelzen, aufkochen, weißen Schaum abschöpfen und die Haselnussblättchen in der Butter rösten. Danach mit weißem Pfeffer und Salz würzen. Den Spargel anrichten, die Haselnussbutter darüber gießen und je nach Geschmack mit etwas geriebenen Parmesan bestreuen. Guten Appetit.

Rote Butter (Beurre rouge)

Zutaten:
120 g Butter
150 ml Rotwein
75 ml Portwein
1 Stängel Thymian
1 rote Schalotte
1 Prise Salz
1 Prise Zucker

Schalotte schälen, fein hacken. Thymian waschen, ausschwenken. Portwein mit Rotwein, Schalotte und Thymian erhitzen und leicht sirupartig einköcheln lassen. Dann durch ein Sieb abgießen und den Sud im Topf bei schwacher Hitze wieder erwärmen, die kalte Butter in Flöckchen dazugeben, gut einrühren, mit Salz und Zucker abschmecken. Warm servieren.

Estragonsoße (Sauce estragon)

Zutaten:
300 ml Gemüsebrühe
180 ml saure Sahne
150 ml Weißwein
1 EL heller Soßenbinder
2 TL Estragon
$^1/_2$ TL scharfer Senf
Salz
frisch gemahlener schwarzer Pfeffer
Süßstoff

Gemüsebrühe und Wein erwärmen, Sahne zufügen und gut verrühren. Estragon waschen, trocken tupfen, Blättchen fein hacken und hinzugeben. Mit Pfeffer, Salz, Senf und einigen Tropfen Süßstoff abschmecken. Soßenbinder einstreuen und unter Rühren aufkochen lassen. Zum Spargel servieren.

Estragon-Stängel

Gribichsoße (Sauce gribiche)

Zutaten:
125 ml Olivenöl
2 Eier
1 EL Kapern
1 Gewürzgurke
$^1/_2$ Bund Petersilie
$^1/_2$ TL Kräutersenf
frisch gemahlener weißer Pfeffer
Salz

Eier hart kochen, schälen, Eigelb und Eiweiß trennen. Eigelbe mit Senf verrühren, 1 Prise Salz und tropfenweise das Olivenöl zugeben, gut verrühren. Eiweiß, mittelgroße Gurke und Kapern in kleine Würfel schneiden, zugeben und gut vermengen. Petersilie waschen, ausschwenken, trocken tupfen und fein hacken, zugeben und unterrühren. Mit weißem Pfeffer würzen und die Gribichsoße zum Spargel servieren.

Kräuterbutter (Beurre de Herb)

Zutaten:
150 g Butter
1 Knoblauchzehe
1 Handvoll Kräuter (Petersilie, Kerbel, Schnittlauch)
Salz
Zitronensaft
frisch gemahlener schwarzer Pfeffer

Schnittlauch, Petersilie und Kerbel waschen, gut ausschwenken und fein schneiden, Knoblauchzehen abziehen und pressen. Zur zimmerwarmen, gut knetbaren Butter die Kräuter geben und mit Pfeffer und Salz würzen. Alles gut verrühren und im Kühlschrank zum Abkühlen 120 Min. abstellen.

Die fertige Kräuterbutter portionieren und jeweils eine Portion auf eine Zitronenscheibe legen und in den Kühlschrank zum Abkühlen stellen; je Portion auf ein Stück Kurzgebratenes setzen und sofort servieren.

Spargel mit Kräutersoße

Hierzu können, wie bereits erwähnt, auch Basilikum, Dill, Majoran, Paprika, Schnittlauch oder Thymian verwendet werden.
Wer es etwas herzhafter mag, kann auch zusätzlich 1 Spritzer Worcestersoße und/oder 1 Spritzer Zitrone zugeben und gut verrühren.

Kräutersoße (Sauce herbes)

Zutaten:
150 g Crème légère
2 Eigelbe
2 EL Wasser
2 EL Weißweinessig
1 Bund Estragon
1 Bund Kerbel
1 Zwiebel
frisch gemahlener weißer Pfeffer
Zucker
Salz

Zwiebel schälen und fein hacken. Kräuter waschen, ausschwenken, trocken tupfen, ebenfalls fein hacken. Zwiebel, Essig, Wasser und je 1 TL Estragon und Kerbel in einem Topf aufkochen. Den Topf vom Herd nehmen und 5 Min. lang ziehen lassen. Durch ein Sieb gießen und Flüssigkeit auffangen. Eigelbe und Crème légère in einem Topf unter ständigem Rühren mittels Schneebesen aufkochen lassen. Soße mit Kräutersud zugeben, mit weißem Pfeffer, Salz und Zucker abschmecken. Je 1 TL Estragon und Kerbel unterrühren. Zum angerichteten Spargel servieren.

Bozener Soße (Sauce bozen)

Zutaten:
150 ml Pflanzenöl
2 Eier
2 EL Fleischbrühe
2 TL Senf
1 EL Schnittlauch
frisch gemahlener weißer Pfeffer
Salz

Eier 7 Min. kochen, abschrecken, schälen und das Eiweiß vom Eigelb trennen. Das Eiweiß fein hacken. Schnittlauch waschen, gut ausschwenken, trocken tupfen und in feine Röllchen schneiden. Fleischbrühe erhitzen. Eigelb mit weißem Pfeffer, Salz, Senf und der heißen Fleischbrühe vermengen. Öl langsam, aber kräftig einrühren, mit Weißwein würzen. Eiweiß und Schnittlauch unterrühren.

Zutaten für die Holländische Soße (Sauce hollandaise) und die Schaumsoße (Sauce mousseline)

Zutaten:
2 Eigelbe
1 TL Wasser
1 TL Weißweinessig
120 g Butter
Salz
1 EL gehackte Petersilie
Für die Schaumsoße (Sauce mousseline) zusätzlich: 2 EL geschlagene Sahne

Eigelbe mit Wasser und Essig in einen Stieltopf geben und bei mittlerer Hitze schaumig rühren. Dabei den Topf immer wieder von der Herdplatte ziehen, damit die Masse nicht zu heiß wird. Nach und nach die eiskalte Butter hinzufügen. Ist die Butter aufgebraucht, die Sauce hollandaise mit etwas Salz und gehackter Petersilie würzen.

Für die Sauce mousseline einfach noch zwei Esslöffel geschlagene Sahne vorsichtig unter die Masse heben.

Wichtig: Die Butter muss eiskalt sein und Eigelb und Essig müssen die gleiche Temperatur haben – also kein kaltes Eigelb verarbeiten. Herdplatte auf mittlere Hitze stellen – die Soße darf nie kochen. Den Topf eventuell zwischendurch auf den Herdrand stellen, falls die Hitze noch zu hoch sein sollte.

Einrühren der Holländischen Soße

Holländische Soße (Sauce hollandaise)

Zutaten:

200 g Butter
125 ml trockener Weißwein
2 Eigelbe
frisch gemahlener schwarzer Pfeffer
Salz
Zitronensaft

Eier trennen, Butter stückeln und in einem Topf schmelzen. Eigelbe und Weißwein über einem heißen Wasserbad schaumig schlagen. Butter langsam unterheben, mit Pfeffer und Salz und je nach Geschmack mit wenig Zitronensaft würzen.

Holländische Soße mit Basilikum (Sauce hollandaise basilikum)

Zutaten:
1 Packung Holländische Soße
2 EL Basilikum

Basilikum waschen, ausschwenken, trocken tupfen, Blättchen vom Stängel zupfen und fein hacken. Holländische Soße in einem Topf erhitzen, Basilikum zugeben und umrühren. Zum gar gekochten Spargel und Schinken auf den Teller geben und servieren.

Holländische Soße mit Kapern (Sauce hollandaise câpres)

Zutaten:
250 ml Gemüsebrühe
Kapern (Konserve)
50 g Butter
20 g Speisestärke
3 Eigelbe
3 EL Sahne
2 EL Weißwein
frisch gemahlener weißer Pfeffer
Salz

Butter in kleinen Stückchen kühl stellen. Gemüsebrühe und Speisestärke im Topf verrühren, bei mäßiger Hitze dicklich werden lassen. Herd abstellen, dann Eigelbe hinein quirlen, Butterstücke nach und nach unterrühren, mit weißem Pfeffer und 1 Prise Salz würzen. Den Wein teelöffelweise unterrühren. Soße muss dick sein, aber nicht kochen lassen! Sahne halbsteif schlagen und unterheben. Je nach Geschmack mit Kapern verfeinern, dann servieren.

Bild oben: *Holländische Soße mit Basilikum*
Bild links: *Holländische Soße mit Kapern*

Schaumsoße (Sauce mousseline)

Zutaten:
150 g Butter
125 ml süße Sahne
3 Eier
1 EL Weißwein
1 Zitrone
$^1/_2$ EL Estragonessig
frisch gemahlener weißer Pfeffer
Salz

Butter zergehen lassen, Schaum abschöpfen, abgießen und auffangen – geklärte Butter ohne Bodensatz weiter verwenden. Estragonessig und Wein in einen Topf geben, mit weißem Pfeffer würzen und auf $^2/_3$ einkochen. Eier trennen, Eigelbe mit wenig Wasser verquirlen und zugeben. Die Flüssigkeit cremig schlagen und die geklärte Butter unterrühren. Zitrone waschen, trocken tupfen, halbieren und eine Hälfte auspressen. Mit Salz und Zitronensaft würzen. Leicht geschlagene Sahne erst kurz vor dem Servieren unterheben.

Weinschaumsoße (Sauce mousse de vin)

Zutaten:
250 ml würziger Weißwein
40 g Butter
3 Eigelbe
1 EL Zitronensaft
1 Prise Salz
1 Prise Zucker

Eier trennen. Das Eigelb mit Weißwein, Salz, Zitronensaft und Zucker im Wasserbad erhitzen. Ständig mit dem Schneebesen rühren, bis die Masse dickschaumig ist. Butter in kleinen Portionen zugeben und weiter rühren. Diese Soße wird gesondert zum Spargel gereicht.

Frankfurter Soße (Sauce de Francfort)

Zutaten:
250 ml Holländische Soße (FP)
1 Päckchen 8-Kräuter (TK)
1 TL Zitronensaft
frisch gemahlener schwarzer Pfeffer
Zucker

Holländische Soße im Töpfchen langsam erwärmen. Kräuter und Zitronensaft hineinrühren und mit Pfeffer und Zucker abschmecken. Über den Spargel gießen und sofort servieren.

Béarner Soße (Sauce béarnaise)

Zutaten für die Reduktion:

2 Schalotten (mit Schale)
2 Lorbeerblätter
5–7 Stängel Petersilie oder Estragon
20 Körner Pfeffer
0,2 l Wasser
2 EL Estragonessig

Zutaten für die Béarner Soße und Choronsoße (Sauce béarnaise und Sauce choron):

2 EL Reduktion
2 Eigelbe
120 g kalte Butter (in Stücken)
1 EL frisch gehackter Estragon
Etwas Pfeffer
ein Hauch Zitronensaft
Salz

weitere Zutaten für Choronsoße:

3 Tomaten

Für die Béarner Sauce zunächst eine Reduktion herstellen. Schalotten vierteln, zusammen mit den anderen Zutaten in einen Stieltopf geben und bei großer Hitze auf zwei Esslöffel Flüssigkeit einkochen lassen. Die Flüssigkeit durch ein Sieb gießen, die Gewürze auffangen, dann abkühlen lassen.
Die eingekochte Reduktion mit den Eigelben in einen Stieltopf geben und bei mittlerer Hitze schaumig rühren. Dabei den Topf immer wieder von der Herdplatte ziehen, damit die Masse nicht zu heiß wird. Die Eigelbe können sonst stocken, und es entsteht keine richtige Bindung. Nun unter ständigem Rühren die kalte Butter einrühren. Dabei den Topf wieder erhitzen und abkühlen lassen. Wenn die Butter aufgebraucht ist und eine cremige Bindung entsteht, gehackte Estragon- oder Petersilienblätter hinzufügen. Die Sauce béarnaise mit Salz, etwas Pfeffer und einem Spritzer Zitronensaft abschmecken.

Für die Choronsoße die Tomaten häuten, entkernen und das Fruchtfleisch in kleine Würfel schneiden. Die Tomatenwürfel unter die Sauce béarnaise heben.

Majonaise Soße (Sauce mayonnaise)

Zutaten:

125 ml Öl
3 Eigelbe
1 EL Estragonessig
1 TL Senf
frisch gemahlener weißer Pfeffer
Salz

Achtung: Alle Zutaten müssen die gleiche Temperatur aufweisen!

Eigelbe mit Essig, weißem Pfeffer, Salz und Senf schaumig rühren, das Öl tropfenweise unterschlagen.

Rotweinsoße (Sauce au vin rouge)

Zutaten:

500 ml Rotwein
100 g roher Schinken
50 g Butter
frisch gemahlener schwarzer Pfeffer
Salz

Schinken in dünne Streifen schneiden und in der Butter bei milder Hitze nur andünsten. Wein zugießen, rühren und dabei einkochen lassen, bis die Soße angedickt ist. Mit Pfeffer und Salz abschmecken und über den angerichteten Spargel geben. Sofort servieren.

Rotweinsoße

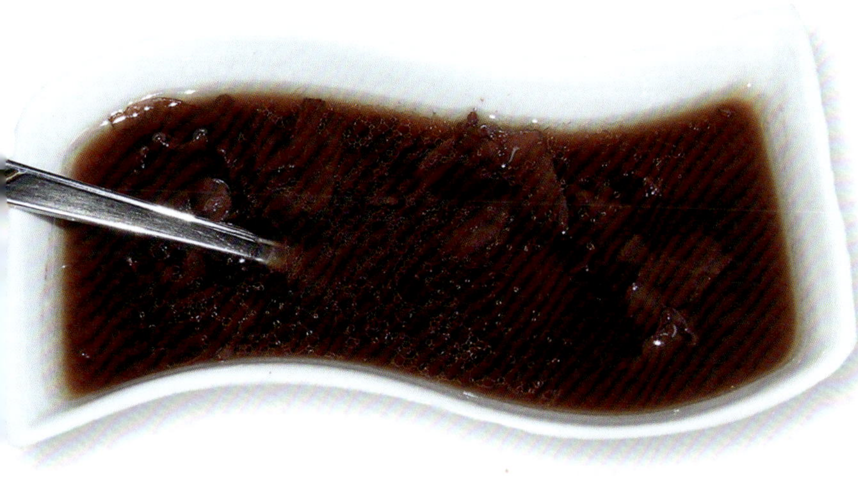

Weiße Soße (Sauce blanche)

Zutaten:
200 g Magerquark
60 ml Weißwein
60 ml Weißweinessig
3 EL Butter
3 EL Milch
1 Zwiebel
Estragon
frisch gemahlener schwarzer Pfeffer
Salz

Estragon waschen, ausschwenken, trocken tupfen und die Blättchen klein hacken. Zwiebel schälen und fein hacken. Essig und Wein bei starker Hitze schnell aufkochen. Estragon und Zwiebel zugeben, auf $^{1}/_{3}$ einkochen. Butter hinzufügen, schäumend einkochen. Soße vom Herd nehmen, durch ein Sieb passieren. Milch und Quark mit einem Schneebesen kräftig unterrühren und mit Pfeffer und Salz je nach Geschmack würzen. Spargel quer dritteln und auf einen Teller legen. Die Soße über die Spargelstangen geben und gleich servieren.

Spargel an Tomaten-Basilikum-Soße (Sauce tomate-basilic)

Zutaten:
2.000 g Spargel
800 g Fleischtomaten
400 ml Wasser
2 Zwiebeln
2 EL Öl
2 EL Tomatenmark
2 TL Gemüsebrühe
$^{1}/_{2}$ Bund Basilikum
frisch gemahlener schwarzer Pfeffer
Salz

Spargel küchenfertig zubereiten und ca. 15 Min. in Salzwasser mit einer Prise Zucker kochen; Tomaten waschen und trocken tupfen, Zwiebel schälen und beides klein würfeln. Öl in einem Topf erhitzen, Tomaten- und Zwiebelwürfel zugeben und andünsten. Tomatenmark unterrühren, Wasser und Gemüsebrühe einrühren und aufkochen lassen. Ca. 10 Min. köcheln lassen, dann mit Pfeffer, Salz und Zucker würzen. Basilikum waschen, gut ausschwenken, Blättchen abzupfen – einige beiseite legen –, in feine Streifen schneiden und zu den Tomaten geben. Spargel aus dem Kochwasser heben, gut abtropfen lassen, auf die Teller verteilen und mit der Soße servieren.

Spargelwassersoße (Sauce asperges simples)

Zutaten:
Spargelwasser vom Kochen
Milch
Mehl
1 Ei

Das Spargelwasser mit in Milch eingerührtem Mehl binden und ein Ei darin gut verquirlen.

Vinaigrette (Sauce vinaigrette)

Zutaten:
6 EL Öl
3 EL Essig
1 TL Dijonsenf
1 Schalotte
$^{1}/_{2}$ Bund Schnittlauch
frisch gemahlener weißer Pfeffer
Salz

Essig und Öl mit dem Senf verrühren. Schalotte schälen und fein würfeln. Schnittlauch waschen, ausschwenken, trocken tupfen und fein hacken. Schalotte und Schnittlauch zur Soße geben und mit weißem Pfeffer und Salz würzen.

Fertige Produkte

Vinaigrette-Spezial I

Zutaten:
300 ml Sonnenblumenöl
2 Eier
1 EL Petersilie
1 EL Weißweinessig
1 TL Dijonsenf
frisch gemahlener schwarzer Pfeffer
Salz

Eier kochen, pellen, Eigelb trennen. Eiweiß fein hacken und beiseite stellen. Eigelb und Senf in eine Schüssel geben, das Eigelb zerdrücken. Essig zugeben und Öl in dünnem Strahl unterrühren. Mit Pfeffer und Salz abschmecken. Petersilie waschen, ausschwenken, trocken tupfen und fein hacken. Vor dem Servieren Eiweiß und Petersilie unterrühren. Die in einer Sauciere gereichte Vinaigrette passt gut zu kaltem und warmem Spargel.

Vinaigrette-Spezial II

Zutaten:
175 ml Gemüsebrühe
140 ml Sonnenblumenöl
3 EL Weißweinessig
1 EL Petersilie
1 EL Frühlingszwiebeln
1 Ei
Salz

Ei hart kochen, pellen, hacken. Petersilie waschen, ausschwenken, fein hacken. Frühlingszwiebeln waschen, trocken tupfen und hacken. Öl mit dem Schneebesen in einer Schüssel aufschlagen, alle weiteren Zutaten hineingeben und umrühren. Vor dem Servieren mit etwas Salz abschmecken.

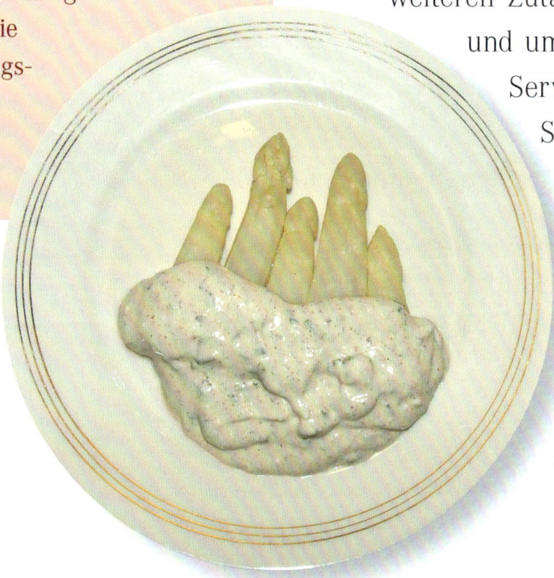

Spargel mit Kräutercreme

Hauptgerichte

Spargel im Pfannkuchen, vor dem Überbacken

Spargelomelett

Zutaten:
500 g Spargel
4 Eier
4 EL geriebener Parmesan
2 EL Butter
1 Salatblatt
Salz

Spargel küchenfertig zubereiten, in Salzwasser mit dem Salatblatt bissfest garen. Spargel herausheben und warm stellen, Butter erhitzen und 4 Spiegeleier braten. Diese mit dem Spargel in eine Auflaufform schichten und gut mit Parmesan überstreuen, Butterflöckchen oben auf. Einige Minuten im Backofen überbacken.

Spargel mit Kräutercreme

Zutaten:
200 g Bleichspargel
150 g Magerjoghurt
3 EL Schnittlauch
2 EL Petersilie
1 Röhrchen Kapern
1 EL mittelscharfer Senf
Gemüsebrühe
frisch gemahlener schwarzer Pfeffer
Worcestersoße
Salz
Zitronensaft

Spargel küchenfertig zubereiten, wiegen, mit wenig Gemüsebrühe und gewürzt mit Pfeffer, Salz, Worcestersoße und Zitronensaft zugedeckt ca. 15 Min. garen. Petersilie und Schnittlauch waschen, ausschwenken, trocken tupfen und fein schneiden. Kapern, Magerjoghurt, Petersilie, Schnittlauch und Senf gut verrühren. Mit Pfeffer, Salz und Zitronensaft würzen. Spargel auf Teller anrichten, Kräutercreme darauf verteilen, servieren.

Spargel mit Lachsschinken

Zutaten:
200 g Bleichspargel
50 g Lachsschinkenscheiben
30 g fettarmer Edamer
1 Zwiebel
Petersilie
Salz
Zitronensaft

Spargel im Schinkenmantel

Spargel küchenfertig zubereiten, abwiegen und in Salzwasser mit einem Schuss Zitronensaft und 1 gespickten Zwiebel ca. 20 Min. gar kochen. Herausnehmen, gut abtropfen lassen, auf einem Teller anrichten, mit dem Käse bedecken und überbacken. Lachsschinken rund um den Spargel anrichten; Petersilie waschen, ausschwenken, trocken tupfen, fein schneiden und über den Teller streuen.

Grüner Spargel, gegrillt

Zutaten:
500 g grüner Spargel
150 g Erdbeeren
3 Stängel Basilikum
2 Knoblauchzehen
1 EL Fruchtzucker
1 Tl Olivenöl
1 Spritzer Zitronensaft
1 Schuss Balsamicoessig
frisch gemahlener schwarzer Pfeffer
Salz

Spargel waschen, trocken tupfen und das Stängelende neu anschneiden. Mit Pfeffer und Salz würzen.
Erdbeeren waschen, trocken tupfen, putzen und halbieren. Basilikumblättchen vom Stängel zupfen, waschen, trocken tupfen und zerkleinern. Aus Balsamico, Basilikumblättchen, Fruchtzucker, Salz und Zitronensaft eine Marinade anrühren, Erdbeeren einlegen und für einige Stunden in den Kühlschrank legen.

Spargel in ca. 3 cm lange Stücke teilen, in eine Grillschale legen und die marinierten Erdbeeren darüber geben. Alles ca. 8 bis 10 Min. lang grillen. Mit Basilikumblättern garnieren und servieren.

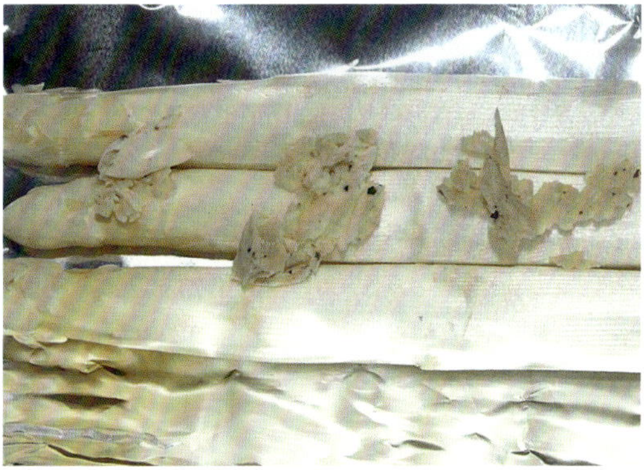

Spargel vorbereitet zum Backen mit Trüffelbutter

Spargel, gebacken I

Zutaten:

1.000 g Spargel
3 Eier
Semmelbrösel
frisch gemahlener weißer Pfeffer
Salz
Butter

Küchenfertigen Spargel mit weißem Pfeffer und Salz würzen. Eier, Mehl und Semmelbrösel gut verrühren und den Spargel damit panieren. In heißer Butter goldgelb backen, gut abtropfen lassen und servieren.

Spargel, gebacken II

Zutaten:

2.000 g Bleichspargel
1 Prise Salz
1 Prise Zucker
Butter

Spargel küchenfertig zubereiten und portionieren, auf doppelte Alufolie legen, salzen, zuckern und mit Butterflocken belegen, dicht einschlagen. Im Backofen bei ca. 200°C ca. 15 Min. bissfest backen.

Auch mit Parmesan bestreuen oder Trüffelbutter verwenden, schmeckt dann noch aromatischer.

Spargel, ausgebacken

Zutaten:
1.000 g grüner Spargel
3.000 ml Wasser
500 g Schweineschmalz
150 ml Bier
4 EL Mehl
3 Eier
2 EL Zucker
1 Zitrone
1 Msp. Muskat
Salz

Küchenfertige Spargel (dünne Stängel wären optimal) im kochenden Zuckerwasser ca. 2 Min. blanchieren, herausnehmen, abtropfen lassen. Backofen auf 180°C vorheizen, Backblech mit Backpapier ausgelegt hineinschieben. Eier trennen, Zitrone waschen, trocken tupfen, Schale abreiben. Aus Eigelb, Mehl, Muskat, Bier, Salz und Zitronenschale einen Teig rühren, die Eiweiße steif schlagen und unterheben. Den Teig in eine flache längliche Schale füllen, das Schmalz in einer Pfanne mit nicht zu flachem Rand erhitzen. Nun die gut abgetropften ganzen Spargelstangen mit zwei Gabeln/Löffeln in den Teig tauchen, herausheben und vorsichtig im heißen Fett goldgelb ausbacken. Fertig auf das warme Backblech im Ofen ablegen, bis alle Spargelstangen gebacken sind. Leckere Beilage zu diversen Gerichten.

Spargelauflauf

Zutaten:
200 g Bleichspargel
400 g Mangold
200 g Kartoffeln
200 ml Gemüsebrühe
200 g gekochter Schinken
150 ml Sahne
100 g Reibekäse
50 g Butter und zum Einfetten
50 g Mehl
frisch gemahlene Muskatnuss
frisch gemahlener
schwarzer Pfeffer
Salz, Zucker

Spargel küchenfertig zubereiten, im kochenden Salzwasser mit einer Prise Zucker ca. 20 Min. bissfest garen, Mangold putzen, waschen, blanchieren, Blätter vom Stiel entfernen und in Streifen schneiden, den Stiel in Stücke schneiden. Kartoffeln waschen, schälen und im Salzwasser bissfest kochen. Butter in einem Topf erhitzen und das Mehl rührend mit einem Schneebesen anschwitzen. Mit Gemüsebrühe und Sahne ablöschen, unter ständigem Rühren aufkochen und einige Minuten köcheln lassen.

Mit Muskatnuss und Pfeffer sowie Salz abschmecken. Kochschinken in kleine Würfel schneiden, zugeben und gut verrühren. Auflaufform ausbuttern, Masse in die Form geben und mit dem Reibekäse bestreuen.

Spargelfettuccine mit Gambas

Zutaten:

500 g grüner Spargel
300 g Gambas
300 g Fettuccine
5 EL Olivenöl
4 Frühlingszwiebeln
4 Tomaten
3 Knoblauchzehen
3 EL Butter
1 Schalotte
1 EL rote Pfefferkörner
frisch gemahlener schwarzer Pfeffer
1 Prise Zucker
Salz

Die Fettuccine im Salzwasser und einigen Tropfen Olivenöl bissfest gar kochen. Abschrecken, gut abtropfen lassen und beiseite stellen. Spargel küchenfertig zubereiten, in Stücke schneiden und in Salzwasser blanchieren. Herausnehmen, gut abtropfen lassen und beiseite stellen. Gambas waschen, abtropfen lassen und im erhitzten Olivenöl anbraten. Knoblauchzehen und Schalotte schälen, klein würfeln und zu den Gambas geben, mit schwitzen lassen. Butter zugeben. Schalotte waschen, trocken tupfen, in Scheiben schneiden und untermischen. Tomaten enthäuten, entkernen, würfeln, mit den roten Pfefferkörnern zugeben und gut vermischen. Mit Pfeffer, Zucker und Salz abschmecken. Kurze Zeit ziehen lassen, Fettuccine und Gambas zugeben, kurz durchschwenken und nochmals abschmecken. Anrichten und servieren.

Spargelgratin, ungarisch

Zutaten:
2.000 g Spargel
400 ml saure Sahne
80 g Käse
50 g Semmelbrösel
20 g Zucker
60 g Butter
6 g Gewürzpaprika
1 Eigelb
Petersilie
Salz

Spargel küchenfertig zubereiten. Stangen in 2 bis 3 cm lange Stücke schneiden, im Salzwasser mit 10 g Zucker gar kochen und abtropfen lassen. Semmelbrösel in 20 g Butter rösten, saure Sahne zugeben und gut verrühren. Eigelb mit Gewürzpaprika zugeben. Salz und Zucker abschmecken und zu einer glatten Soße verrühren. Feuerfeste Form mit Butter fetten, die Hälfte des Spargels hineinlegen und $^{1}/_{3}$ der sauren Sahne darüber geben. Den restlichen Spargel darauf legen und mit der restlichen sauren Sahne übergießen. Mit geriebenem Käse überstreuen und im Backofen gratinieren. Petersilie waschen, ausschwenken, trocken tupfen, fein hacken und über das Gratin streuen.

Spargel im Pfannkuchen mit Béarnersoße (Sauce béarnaise)

Zutaten:
1.000 g Spargel
4 Scheiben gekochter Schinken
4 Eier
4 EL Mehl
2 EL Butter
400 ml Milch
Pfeffer
Salz
4 Scheiben gekochter Schinken

Spargel wie gewohnt garen. In der Zwischenzeit aus Milch, Eiern, und Mehl 4 dünne Pfannkuchen backen. Diese Pfannkuchen mit je einer Scheibe gekochtem Schinken belegen, den gegarten Spargel darauf geben, mit Sauce béarnaise überziehen und zuklappen. Nach Geschmack können die Spargelpfannkuchen kurz mit einem zarten Käse übergrillt werden.

Spargelpfannkuchen

Spargel an Schinkenpäckchen

Zutaten:
16 Stangen Spargel
200 g und 8 Scheiben gekochter Schinken
125 ml Sahne
100 g Weintrauben
40 g Butter
40 ml weißer Traubensaft
2 EL Madeira
1 Stange Porree
1 Zitrone
1 EL Sauerrahm
1 TL Essig
1 TL Weinbrand
1/2 TL rosa Pfefferkörner
1 Msp. Senf
1/2 Blatt Gelatine
frisch gemahlener schwarzer Pfeffer
Jodsalz

Obst und Gemüse küchenfertig zubereiten. Den Weintrauben die Schale abziehen, halbieren, entkernen. Spargel in kochendem Salzwasser ca. 10 Min. garen, abtropfen lassen und warm abstellen. Sahne steif schlagen. Porree längs in feine Streifen schneiden, ca. 2 Min. blanchieren. Schinken klein schneiden und pürieren. Gelatine in kaltem Wasser einweichen, dann in 2 EL heißem Wasser auflösen. Pürierten Schinken mit Gelatine und Madeira cremig rühren, mit Pfeffer und Jodsalz würzen. Sahne vorsichtig unter die Farce heben. Schinkenscheiben auf der Arbeitsplatte ausbreiten und Schinkenfarce gleichmäßig darauf verteilen. Zu einem Päckchen mit Porreestreifen zusammenschnüren und kühl stellen. Zitrone waschen, trocken tupfen und auspressen. Trauben- und Zitronensaft in einem Topf erhitzen, Essig, Sauerrahm und Weinbrand zugeben und auf ein Drittel reduzieren. Vom Herd nehmen, Butter und Senf mit einem Pürierstab unterrühren. Trauben und rosa Pfefferkörner zugeben und ebenfalls unterrühren. Auf vorgewärmten Tellern den Spargel mit Vinaigrette beträufeln, Schinkenpäckchen hinzugeben und sofort servieren.

Spargel an Kartoffelcreme

Zutaten:
2.000 g grüner Spargel
300 g mehlig kochende Kartoffeln
75 g Sahne
40 g Mandeln
2 Prisen Ingwerpulver
2 TL Zitronensaft
1 EL Butter
1 EL Olivenöl
Worcestersoße
1 Knoblauchzehe
$^{1}/_{2}$ Bund Petersilie
frisch gemahlener schwarzer Pfeffer
Salz

Kartoffeln waschen, mit Salzwasser bedeckt ca. 25 bis 30 Min. garen, abgießen und pellen. Spargel küchenfertig zubereiten, in kochendem Salzwasser mit Butter ca. 15 Min. bei mittlerer Hitze garen, abgießen, Spargelwasser auffangen und ca. 300 ml beiseite stellen. Spargelstangen gut abtropfen lassen, Öl erhitzen, die gehackten Mandeln darin goldbraun anrösten. Knoblauch schälen, durchpressen, zugeben und kurz mit andünsten. Kartoffeln durch eine Presse drücken – nicht pürieren! Mit Sahne und Spargelsud zu einer cremigen Masse verrühren und mit Pfeffer, Salz, Zitronensaft und Worcestersoße würzen. Aufkochen und dann ca. 5 Min. abgedeckt köcheln lassen. Petersilie waschen, trocken schwenken, etwas beiseite legen und den Rest fein hacken. Unter die Soße rühren, Spargel mit Soße und Kartoffelcreme auf Teller geben, mit Petersilie garnieren und sofort servieren.

Käsespätzle mit Spargelsud

Zutaten:
500 ml Spargelkochsud
1 Packung Schwäbische Käsespätzle
2 EL Schmelzkäse
einige Spargelstücke
Chilipulver

Spargelsud erhitzen, Spätzle zugeben, aufkochen lassen. Ca. 12 Min. köcheln, bis gewünschte Konsistenz erreicht ist. Spargelstücke und Schmelzkäse einrühren, auf Teller füllen, mit Chilipulver bestreuen und sofort heiß servieren.

Spargel-Pilz-Gratin

Zutaten:
1.000 g grüner Spargel
500 g Egerlinge (Champignons)
150 g gekochter Schinken
125 g Butter
125 g Gruyère de Comté
(oder Emmentaler)
2 EL Petersilie
2 Scheiben Zitronen
1 Prise Zucker
frisch gemahlener schwarzer Pfeffer
Salz

Spargel küchenfertig zubereiten und in wenig Wasser mit Butter, Salz, Zitronenscheiben und Zucker ca. 8 bis 10 Min. zugedeckt bei mittlerer Hitze kochen. Backofen auf 200°C vorheizen, Pilze putzen, in Scheiben schneiden, Schinken würfeln und Käse reiben. Petersilie waschen, trocken schwenken und fein hacken. Spargel gut abtropfen lassen, Butter in einer Pfanne aufschäumen und Spargel darin schwenken. Mit Pfeffer, Petersilie und Salz würzen. Den Spargel heraus heben, restliche Butter in der Pfanne erhitzen und Pilze darin anbraten. Schinken zugeben, mit Pfeffer und Salz würzen und gut umrühren. Spargel in eine längliche Auflaufform mit nach außen zeigenden Spitzen legen. Pilz-Schinken-Mischung darüber geben und mit Käse bestreuen. Ca. 20 Min. knusprig gratinieren.

Spargel-Lachs-Frittata

Zutaten:
500 g grüner Spargel
125 g Rucola
100 g geräucherter Scheibenlachs
8 Eier
2 Knoblauchzehen
1 Zwiebel
1 EL Olivenöl
Pfeffer
Salz
Zucker

Spargel küchenfertig in Stücken zubereiten, ca. 5 Min. in Salzwasser mit einer Prise Zucker vorkochen, gut abtropfen lassen, 5 Spargelspitzen beiseite legen. Knoblauch und Zwiebeln schälen und fein hacken. Rucola waschen, gut ausschwenken, trocken tupfen und klein schneiden. 2 Scheiben Lachs beiseite legen, in Streifen schneiden. Eier verquirlen, Lachs, Rucola und Spargel unterrühren. Mit Pfeffer und Salz abschmecken. Öl in einer Pfanne erhitzen, Knoblauch und Zwiebeln darin andünsten, Eiermischung zugeben. Ca. 20 Min. zugedeckt bei schwacher Hitze stocken lassen, danach mit Lachs und Spargel garnieren und servieren.

Spargel an Lachs

Zutaten:
16 Bleichspargelstangen
75 g Butter
20 g Ingwer
4 Orangen
4 Lachs-Tranchen
5 Kardamomkapseln
3 Sternanis
2 Chilischoten
1 Vanilleschote
$^1/_2$ Limette
Cayennepfeffer
frisch gemahlener schwarzer Pfeffer
Salz

Spargel küchenfertig zubereiten, längs halbieren. Chilischoten waschen, trocken tupfen, halbieren und die Kerne entfernen. Ingwer in dünne Scheiben schneiden. Kardamomkapseln andrücken und die Vanilleschote längs vierteln. Eine Orange abwaschen, trocken tupfen, mit dem Zestenschäler die Schale gewinnen. Alle Orangen auspressen. Orangenzesten und -saft, Chilischoten, Ingwer, Kardamom, Sternanis und Vanilleschote in einen Topf zum Spargel geben. Ca. 4 bis 5 Min. köcheln lassen, vom Herd nehmen und die kalte Butter nach und nach unterrühren.

Limette halbieren und auspressen, Spargel mit Cayennepfeffer, Limettensaft und Salz abschmecken.
Backofen auf 200°C vorheizen, Lachs abspülen, trocken tupfen und mit Pfeffer und Salz würzen. 4 mal 20 cm x 30 cm große Backpapiere nebeneinander legen. Je 8 Spargelhälften obenauf 1 Lachstranche legen, darüber die Orangen-Gewürzbutter träufeln. Nochmals mit Pfeffer und Salz würzen, ein größeres Stück Backpapier darauflegen und an den Seitenkanten mehrfach falzen, bis dieses Päckchen luftdicht verschlossen ist. Mit Büroklammern fixieren, ca. 12 Min. im Ofen garen. Die Päckchen sehr vorsichtig aus dem Ofen nehmen und auf einen Teller legen, zum Öffnen am besten ein scharfes Messer verwenden.

Spargelragout

Zutaten:

100 g Spargel
1 Hähnchenbrustfilet
125 g Champignons
125 ml Gemüsebrühe
65 g Zwiebeln
1 Schuss Weißwein
Crème fraîche
frisch gemahlener schwarzer Pfeffer
Salz
Schnittlauch
Soßenbinder
Worcestersoße
Zitronensaft

Spargel küchenfertig zubereiten, abwiegen und in Scheiben schneiden. Hähnchenbrustfilet waschen, trocken tupfen, in kleine Würfel schneiden und anbraten. Champignons und Zwiebeln küchenfertig vorbereiten, in Scheiben schneiden und mit anbraten. Gemüsebrühe, Spargel und Weißwein zugeben und umrühren. Ragout mit hellem Soßenbinder binden, mit Pfeffer, Salz, Worcestersoße und Zitronensaft abschmecken. Einige Crème-fraîche-Flocken zum Verfeinern zugeben. Schnittlauch waschen, trocken tupfen, in Ringe schneiden und obenauf streuen.

Gefüllte Schweineschnitzel mit Spargel

Zutaten:
1.000 g Bleichspargel
4 Schweineschnitzel à 150 g
125 ml Hühnerbrühe
125 g Crème fraîche
4 Scheiben Emmentaler
4 Scheiben gekochter Schinken
4 Zahnstocher
1 Ei
1 EL Butter
1 Bund Kerbel
Jodsalz
frisch gemahlener
schwarzer Pfeffer
Zitronensaft

Spargel küchenfertig zubereiten, im salzigen Wasser mit einem Spritzer Zitronensaft ca. 10 Min. gar kochen. Hühnerbrühe mit Crème fraîche verrühren. Kerbel waschen, ausschwenken, trocken tupfen, fein hacken und im Mixer mit der Hühnerbrühe und Crème fraîche aufschlagen. Mit Pfeffer und Salz würzen, langsam erhitzen. Schnitzel mit Pfeffer und Salz würzen, mit Schinken und Käse belegen, zusammenklappen, mit Zahnstocher fixieren. Ei aufschlagen, verquirlen, Schnitzel darin wenden. In heißer Butter ca. 6 Min. von jeder Seite braten. Spargel und Schnitzel auf den Tellern anrichten und mit der Kerbelsoße beträufeln. Sofort servieren.

Grüner und weißer Spargel mit Kalbsmedaillons

Zutaten:
500 g Bleichspargel
250 g grüner Spargel
8 Kalbsmedaillons
100 ml Weißwein
100 ml Fleischbrühe
100 ml Sahne
20 g Butterschmalz
20 g Butter
1 TL Zucker
frisch gemahlener schwarzer
Pfeffer, Salz

Spargel küchenfertig zubereiten und in Salzwasser mit etwas Zucker ca. 10 Min. gar kochen. Medaillons mit Pfeffer und Salz würzen, im Butterschmalz ca. 3 Min. jede Seite anbraten, dann herausnehmen und warm beiseite stellen. Bratenfond mit Weißwein ablöschen, Brühe zugeben und etwas einkochen lassen. Sahne zugeben und nochmals erhitzen, mit Pfeffer und Salz würzen. Spargel aus dem Kochwasser nehmen, gut abtropfen lassen, in Butter schwenken und alles auf einem vorgewärmten Tellern anrichten.

Kalbs- und Zanderfilet an Spargel

Zutaten:

500 g Spargel
1.500 ml Kalbsfond
800 g Kalbsfilet
500 g Zanderfilet
500 g Kartoffeln
500 ml Rotwein
250 g Pilze
100 g Zucker
4 cl dunkler Balsamicoessig
2 Bund Frühlingszwiebeln
2 Bund Minimöhren
1 Staudensellerie
1 Bund Rosmarin
1 Bund Thymian
Butter
frisch gemahlener schwarzer Pfeffer
Salz

Das parierte Kalbsfilet und das entgrätete Zanderfilet portionieren. Kartoffeln, Möhren, Spargel und Staudensellerie küchenfertig zubereiten. Kartoffeln kochen und das Gemüse in Salzwasser in Portionen blanchieren. Zucker karamellisieren, mit Balsamico, Kalbsfond und Rotwein ablöschen und auf die Hälfte reduzieren. Rosmarin und Thymian waschen, ausschwenken, trocken tupfen, Blättchen abzupfen und damit verfeinern. Kalbsfilet mit Pfeffer und Salz würzen und beidseitig scharf anbraten. Im vorgeheizten Ofen bei ca. 180°C ca. 12 bis 15 Min. garen. Zander beidseitig scharf anbraten und dann ca. 6 Min. im Ofen garen. Butter aufschäumen, Gemüse mit aufgeschäumter Butter erhitzen und abschmecken. Kartoffeln anbraten und mit Pfeffer, Rosmarin, Salz und Thymian würzen.
Alles auf einem Teller anrichten.

Desserts und Eis

Karamellisierter Spargel

Zutaten:
200 g weißer Spargel
120 g Erdbeeren
20 g Butter
4 Kugeln Vanilleeis
2 EL Orangensaft
2 EL Zucker
Minzblättchen
Salz

Spargel küchenfertig zubereiten, in 1 cm dicke Scheiben schneiden. Erdbeeren küchenfertig zubereiten und vierteln. Spargel in wenig Wasser mit jeweils einer Prise Salz und Zucker bissfest gar kochen. Restzucker zugeben und karamellisieren, mit Orangensaft ablöschen und etwas reduzieren lassen. Spargel zugeben und karamellisieren lassen. Erdbeeren, Spargel und Vanilleeis anrichten und mit Minzeblättchen garnieren.

Spargelkompott beim Karamellisieren mit Puderzucker **Bild oben:** *Spargelstücke*

Spargelkompott I

Zutaten:
6 Stangen Spargel
200 g Rhabarber
150 g Zucker
1 Vanilleschote
Puderzucker

Rhabarber küchenfertig zubereiten und in 3 cm Stücke teilen. In einen Topf schichten und mit Zucker bestreuen, Vanilleschote aufschneiden und zugeben. Topf erhitzen und Rhabarber ca. 10 bis 15 Min. weich dünsten lassen. Spargel küchenfertig zubereiten, in 2 cm Stücke schneiden, in den Topf zugeben und ca. 5 Min. mitdünsten lassen. Abgekühlt auf dunklem (schwarzem) Teller anrichten, mit etwas Puderzucker bestreuen und servieren.

Spargelkompott II

Zutaten:
250 g Spargel
100 g Crème fraîche
100 ml Apfelsaft
40 g Butter
4 EL Weißwein
4 Kugeln Pistazieneis
2 säuerliche Äpfel
1 EL Korinthen
2 TL Puderzucker
1 TL Zimt

Spargel küchenfertig zubereiten und in 2 cm lange Stücke schneiden. Äpfel waschen, trocken tupfen, schälen, Kerngehäuse entfernen und in 12 Spalten schneiden. Butter in großer Pfanne erhitzen, Spargelstücke und Korinthen zugeben und ca. 3 bis 4 Min. andünsten. Apfel zugeben und 1 Min. mit dünsten, Apfel- und Spargelstücke an den Rand schieben, in die Pfannenmitte 1 Tl Puderzucker geben und goldbraun karamellisieren lassen. Mit Apfelsaft und Weißwein ablöschen, mit Zimt abschmecken und langsam verrühren. Flüssigkeit auf die Hälfte reduzieren. Crème fraîche mit dem Rest Puderzucker verrühren, Kompott auf Teller geben und mit Crème fraîche und Eis anrichten.

Spargelkompott mit Eis

Grünes Spargeleis

Zutaten:

350 g Grüner Spargel
375 ml Milch
100 g Crème fraîche
90 g Zucker
6 Eigelb
1 Prise Salz
Eiswasser

Spargel küchenfertig zubereiten; kochen; abgießen und abtropfen lassen, dann pürieren. Eier trennen. Eidotter glatt rühren, Milch und Zucker aufkochen lassen. Eigelb, 1 Prise Salz und 125 ml heiße Milch gut verrühren und zur restlichen Milch geben, flott weiterrühren, eindicken lassen und keine Klumpen bilden lassen. Masse durch ein Sieb streichen, im Eiswasser kühlen. Crème fraîche und Spargelpüree unter die abgekühlte Eiermilch rühren, Kastenform mit Backfolie auslegen, Masse hinein geben und im Kühlschrank gefrieren.

Weißes Spargeleis

Zutaten:

500 g weißer Spargel
500 g Erdbeeren
200 ml Sahne
120 g Puderzucker
3 Eier
Salz
Zucker
Eiswasser

Spargel küchenfertig zubereiten; mit je 1 Prise Salz und Zucker weich kochen, pürieren und durch ein Sieb passieren; über Nacht kalt stellen.

2 Eier trennen und mit dem Vollei mit 70 g Puderzucker über Wasserdampf schaumig schlagen, bis alles warm und dicklich ist. Nicht kochen lassen, die Eier stocken sonst; auf Eiswasser weiter schlagen, bis es kalt ist. Unter die dickliche Masse das Spargelpüree heben; Schlagsahne steif schlagen und unter die Masse heben; Eis portionieren und in den Gefrierschrank stellen; Erdbeeren waschen, putzen und mit 50 g Puderzucker pürieren; als Fruchtspiegel auf Teller geben und das Spargeleis dazu, sofort servieren.

Kuchen und Brot

Spargelmuffins I

Zutaten:

je 250 g grüner und weißer Spargel
300 g Magerquark
250 ml Gemüsebrühe
120 g Weizenmehl
100 g Joghurtbutter
50 g gekochter Schinken
6 Stängel Kerbel
3 EL Dinkelgrieß
2 Eier
1 EL Butter
1 1/2 TL Backpulver
1 Stängel Petersilie
1 TL Ahornsirup
frisch gemahlener schwarzer Pfeffer
Salz

Spargel küchenfertig in 2 cm lange Stücke vorbereiten. Gemüsebrühe aufkochen, Spargelstücke zugeben und ca. 5 Min. garen, dann abgießen, Brühe auffangen, Brühe und Spargel abkühlen lassen. Schinken in Würfel schneiden, gut knetbare Joghurtbutter und 1 TL Salz schaumig rühren. Eier einzeln unterrühren. Backpulver, Grieß und Mehl in einer Schüssel gut vermischen, zugeben und gut verrühren. 70 ml kalte Spargelbrühe zugeben, gut unterrühren. Spargelstücke (abgekühlt und abgetropft) und Schinkenwürfel zugeben und gut vermengen. Muffinblech einfetten, mit Mehl bestäuben und Teig einfüllen. Im vorgeheizten Backofen bei ca. 180°C etwa 25 bis 30 Min. backen. Kerbel und Petersilie waschen, gut ausschwenken, trocken tupfen und Blättchen fein hacken. Einige Blättchen beiseitelegen, den Rest fein hacken und in eine Schüssel zu 60 ml Spargelbrühe und dem Quark geben. Mit einem Schneebesen glatt rühren, mit Ahornsirup, Pfeffer und Salz würzen. Mit etwas Kräutern garnieren und samt Muffins servieren.

Spargelmuffins II

Zutaten:

500 g Spargel
300 g Mehl
125 g Kräuter-Crème-fraîche
100 ml Öl
100 g roher Schinken
2 Eier
1 Päckchen Backpulver
1 TL Salz
$^{1}/_{2}$ TL Natron

Spargelmuffins

Spargel küchenfertig in 2 cm lange Stücke zubereiten. Backpulver, Mehl und Natron in einer Schüssel mischen. Kräuter-Crème-fraîche, Eier, Öl und Salz zugeben und zu einem glatten Teig kneten. Schinken würfeln und mit den Spargelstücken unterrühren. Muffinblech einfetten und Teig darin verteilen. Im Backofen bei ca. 200°C ca. 25 Min. backen.

Spargeltarte I

Zutaten:

Teig:
250 g Mehl
125 g Butter
3 EL Wasser
1 Ei
1 Msp. Salz

Belag:
1.000 g Spargel
25 g Butter
15 g Mehl
3 EL Sahne
1 Eigelb
Petersilie
frisch gemahlener weißer Pfeffer
Salz

Mehl auf die Arbeitsplatte geben, Mulde eindrücken, Butter, Ei, Salz und Wasser zugeben und zu einem glatten Teig kneten. Ca. 30 Min. zugedeckt kalt stellen. Backofen auf 200°C vorheizen. Teig ausrollen, in eine gefettete Springform geben und mehrmals mittels einer Gabel einstechen. Ca. 15 Min. blind backen, während dessen Spargel küchenfertig zubereiten, abwiegen und in Salzwasser mit ca. 10 g Butter garen. Spargelwasser abgießen und auffangen, Spargel gut abtropfen lassen und in Stücke schneiden. Petersilie waschen, ausschwenken, trocken tupfen und fein schneiden. Spargel auf den Teig verteilen und mit Petersilie überstreuen. 125 ml Spargelwasser abmessen, Butter schmelzen und Mehl, Sahne und Spargelwasser darin verrühren. Mit weißem Pfeffer und Salz würzen. Ei trennen, Eigelb darunter rühren und über den Spargel geben, ca. 20 Min. backen.

Spargeltarte II

Zutaten:

1.000 g Spargel
265 g Mehl
150 g Butter
3 EL Wasser
3 EL Sahne
2 Eier
Petersilie
frisch gemahlener weißer Pfeffer
Salz

250 g Mehl auf die Arbeitsplatte geben, Mulde eindrücken und 125 g Butter, 1 Ei, Salz und Wasser hinein geben. Zu einem glatten Teig kneten und ca. 30 Min. zugedeckt kalt stehen lassen. Backofen auf ca. 200°C vorheizen. Teig ausrollen, in einer Springform ausbreiten, mit einer Gabel mehrmals in den Teigboden einstechen und ca. 15 Min. backen.

Spargel waschen, schälen und im Salzwasser mit ca. 10 g Butter garen. 125 ml Spargelwasser zur Seite stellen. Spargel in Stücke schneiden und auf dem gebackenen Teig verteilen. Petersilie waschen, ausschwenken, trocken tupfen, klein schneiden und darüber streuen. Restbutter schmelzen, 15 g Mehl, Sahne und Spargelwasser darin verrühren. Mit weißem Pfeffer und Salz abschmecken. Ei trennen und Eigelb unterrühren, gleichmäßig über den Spargel geben. Im Backofen ca. 20 Min. bei ca. 200°C backen.

Spargelkuchen I

Zutaten:
800 g Spargel weiß und grün
500 ml Wasser
450 g Blätterteig (TK)
150 g Kräuterfrischkäse
2 Scheiben gekochter Schinken
1 Beutel Sauce hollandaise
1 Prise Zucker
Salz

Spargel küchenfertig zubereiten und in kleinere Stücke schneiden. Blätterteig auf Backblech ausrollen, Spargel im Salzwasser garen (weiß ca. 8 Min., grün ca. 5 Min.) und abtropfen lassen. In 125 ml Spargelwasser Sauce hollandaise einrühren, zum Kochen bringen, Frischkäse bei kleiner Hitze unterschlagen. Teig bei ca. 20°C ca. 7 Min. vorbacken, dann mit der Soße bestreichen. Schinken in Würfel schneiden, Spargel und Schinken auf den Teig geben und ca. 10 Min. weiterbacken.

Spargelkuchen I, frisch aus dem Herd

Spargelkuchen II

Zutaten:

1.000 g Bleichspargel
300 g Schlagsahne
150 g Dinkelmehl
75 g Magerquark
55 g Butter
4 Eier
3 EL Crème fraîche
1 Bund Estragon
1 Orange
1/2 Bund Petersilie
Mehl
Muskatnuss
Zucker
frisch gemahlener schwarzer Pfeffer
Salz

50 g Butter, ein Ei, Dinkelmehl, Quark und Salz zu einem glatten Teig verkneten, in Frischhaltefolie einwickeln und ca. 60 Min. kalt stellen. Spargel küchenfertig zubereiten. In kochendes Salzwasser eine Prise Zucker, 1 TL Butter und den Spargel geben. Ca. 5 Min. kochen, herausheben und abtropfen lassen. Würzkräuter waschen, ausschwenken, trocken tupfen und fein hacken, 2 Stängel Estragon vorher zum späteren Garnieren beiseite legen. Teig nochmals gut durchkneten, Mehl auf die Arbeitsplatte streuen und Teig 1 cm dick als Rechteck (22 cm x 32 cm) ausrollen. Auflaufform gut ausfetten, mit Teig auslegen, Ränder andrücken, dann Spargel auf den Teig legen. Orange waschen, trocken tupfen und die Hälfte der Schale abreiben. Crème fraîche, 3 Eier und Schlagsahne verquirlen, gehackte Kräuter und die Orangenschale unterheben. Mit Muskat, Pfeffer, Salz und Zucker würzen und über den Spargel gießen. Im Backofen, vorgeheizt auf 175°C, ca. 45 bis 50 Min. backen, herausnehmen und mit den Estragon Stängeln garnieren.

Spargelkuchenstück

Spargeltorte

Zutaten:
1.000 g Spargel
100 ml Sahne
100 g Gouda
4 Eier
4 Scheiben Kochschinken
$^{1}/_{2}$ Weißbrot
Butter
frisch gemahlener schwarzer Pfeffer
Salz

Spargel küchenfertig zubereiten und in Stücke schneiden. In kochendem Salzwasser, dem 1 Prise Zucker und etwas Butter beigegeben wurde, den Spargel ca. 10 Min. fast gar kochen. Dann herausnehmen und gut abtropfen lassen. Weißbrot in Scheiben (1,5 cm) schneiden, entrinden und in eine gut gefettete Tarteform legen. Spargelstücke darauf verteilen, Kochschinken in Würfel schneiden und obenauf verteilen. Eier mit Pfeffer, der Sahne und 1 Prise Salz verquirlen und darüber gießen. Käse reiben und obenauf streuen. Im Backofen bei ca. 200°C ca. 20 Min. backen.

Spargeltorte

Spargelbrot

Zutaten:

Vorteig:

350 g Weizenmehl (550)
230 ml zimmerwarmes Wasser
7 g Hefe
7 g Salz

Alle Zutaten zu einem glatten Teig verkneten und ca. 30 Min. stehen lassen. Für weitere 15 bis 24 Std. zugedeckt in den Kühlschrank stellen.

Hauptteig:

600 g Vorteig
650 g Weizenmehl (550)
400 g grüner Spargel
375 ml lauwarmes Wasser
100 g Sesam
25 g Hefe
20 g Zucker
15 g Salz

Spargel küchenfertig zubereiten und in kleine Stücke schneiden. Alle Zutaten vermengen und zu einem glatten Teig verkneten. Spargelstücke zugeben und unterkneten. Teig ca. 30 Min. bei Zimmertemperatur gehen lassen. Teig in vier Stücke teilen, durchkneten und zu Brot formen. Auf ein Backblech geben. Backofen auf ca. 200°C vorheizen, nebst einem zweiten Backblech auf der untersten Schiene. 1/2 Tasse Wasser auf das unterste Blech geben und auf mittlerer Schiene die Brote einschieben.
Ca. 35 Min. backen.
Garprobe machen.

Sirup und Wein

Spargelsirup

Zutaten:
2.000 g Spargelschalen
2.000 g Zucker
2.000 ml Wasser
2 EL Zitronensäure
Salz

Die frischen und sauberen Spargelabschnitte und -schalen mit je 1 Prise Salz und Zucker ins Wasser geben. Aufkochen lassen und ca. 10 Min. köcheln. Sofort abseihen, um ein Bitterwerden des Suds zu vermeiden. Sud über Nacht stehen lassen und dann den hellen, klaren Sud abgießen. Den trüben Sud in ein kleineres, schmaleres Gefäß geben und wiederum absetzen lassen, dann abgießen. Schalenreste wegschütten, Zitronensäure und Zucker zum Sud geben und kurz aufkochen. Ca. 3 Min. sprudelnd kochen lassen, sofort heiß in Gläser etc. füllen, fest verschließen und kopfüber zum Abkühlen aufstellen. Wird mit Mineralwasser oder Sekt getrunken.

Spargelwein

Wein aus Spargel bereitet, gibt es nicht, allerdings wird „Spargelwein" immer zu jedem Spargelgericht gereicht. Es ist ein ausgesuchter, zur Speise passender Weißwein, der dann oftmals diese Bezeichnung trägt.
Bei Friedrich Dürrenmatt (1921–1990) trinkt Romulus in der Komödie „Romulus der Große" immer wieder Spargelwein, der „aus Spargelwurzeln gewonnen" wurde. Es soll sich um eine historische Fiktion handeln.

Marmelade, Konfitüre und Gelee

Spargelmarmelade I

Zutaten:

700 g küchenfertiger Spargel
1.000 g Gelierzucker 2:1
500 g Apfelspalten
300 g Ananas
300 ml Apfelsaft
100 g Rosinen
100 g Kokosraspel
2 TL Zitronensäure
1 TL Curry
1/2 TL Bockshornklee

Gelierprobe der Spargelmarmelade; **Bild u:** *Spargelgläser, kopfüber zum Abkühlen aufgestellt*

Spargel und Äpfel vorbereiten und abwiegen. Mit der Ananas mixen und im Apfelsaft ca. 5 Min. kochen. Alle Zutaten zugeben, gut umrühren, aufkochen und weitere 4 Min. köcheln lassen. Heiß in Gläser füllen, sofort fest verschließen und kopfüber zum Abkühlen aufstellen.

Spargelmarmelade II

Zutaten:
500 g Spargel
250 g Gelierzucker 2:1
50 ml Sherry (Cream)
1 Vanilleschote

Den Bruchspargel küchenfertig zubereiten, abwiegen, ca. 8 bis 10 Min. weich kochen und pürieren. Vanilleschote aufritzen und das Mark und Gelierzucker zum Spargel geben. Gut verrühren und aufkochen lassen, ca. 4 Min. köcheln, nach ca. 3 Min. den Sherry zugeben, verrühren und mit köcheln. Gelierprobe machen, heiß in Gläser füllen, sofort fest verschließen und kopfüber zum Abkühlen aufstellen.

Spargelkonfitüre

Zutaten:
1.000 g Spargel
500 g Gelierzucker 2:1
1 Vanilleschote
1 EL Zitronensaft
1 Prise Salz
1 Prise Zucker

Bruchspargel küchenfertig in 3 cm lange Stücke schneiden. Spargelschalen ca. 10 Min. kochen, Fond durch ein Sieb gießen, auffangen, mit Zucker und Salz würzen und darin die Spargelstücke ca. 15 Min. sehr weich kochen. Spargelstücke herausnehmen und mit dem Gelierzucker vermengen. Vanilleschote längs aufritzen und Mark ausschaben, mit dem Zitronensaft zugeben, gut vermengen und ca. 30 Min. ziehen lassen. Masse sehr fein pürieren, aufkochen und 4 Min. köcheln lassen. Gelierprobe machen, heiß in Gläser füllen, sofort fest verschließen und zum Abkühlen kopfüber aufstellen.

Gekochte Spargelstangen, küchenfertig

Spargelgelee

Zutaten:

500 g Bleichspargel
550 ml Orangensaft
20 g Basilikum
12 Blatt Gelatine
2 Orangen
1 TL Koriander
1 Lorbeerblatt
1 TL frisch gemahlener Pfeffer
Butter
Salz
Zitronensaft
Zucker

Spargel küchenfertig zubereiten, die Schalen im kalten Wasser mit wenig Butter, Salz, Zitronensaft und Zucker langsam aufkochen und weitere 20 Min. ziehen lassen. Abpassieren, Spargelstangen in Scheiben schneiden und in dem Sud bissfest kochen. Spargelspitzen kochen, 600 ml Spargelsud und 200 ml Orangensaft vermengen und abschmecken.

Chutney und Eingemachtes

Spargel-Gemüse-Chutney

Zutaten:
1.000 g Spargel
1.500 ml Wasser
1.000 g Gelierzucker
500 ml Kräuteressig
150 g Frühlingszwiebeln
80 g Radieschen
2 g Ingwer

Spargel küchenfertig zubereiten und in kleine Stücke schneiden. Frühlingszwiebeln waschen, trocken tupfen und in kleine Ringe schneiden. Radieschen waschen, trocken tupfen, in kleine Stücke schneiden. Ingwer in kleine Stücke schneiden. Wasser und Essig aufkochen lassen. Ingwer, Spargel, Lauch und Radieschen zugeben, aufkochen lassen. Gelierzucker zugeben und gut umrühren. Aufkochen und ca. 5 Min köcheln lassen. Gelierprobe machen, sofort heiß in Gläser füllen, fest verschließen und kopfüber zum Abkühlen aufstellen.

Spargel-Obst-Chutney

Zutaten:
600 g Spargel
500 g Erdbeeren
400 g Aprikosen
275 g Zucker
200 g Rhabarber
180 g Schalotten
125 ml Balsamico Sherry
30 g Ingwer
4 cl Portwein
3 EL Olivenöl
3 Lorbeerblätter
2 Msp. Cayennepfeffer
2 EL Honig
1 getrocknete Chili
1 Orange
1 Kardamomkapsel
1 Zweig Zwergcurry
1 TL Koriander
1 TL Kurkuma

Spargel küchenfertig zubereiten, abwiegen und in kleine Stücke schneiden. Spargelköpfe beiseite stellen, Aprikosen waschen, trocken tupfen, einmal ringsherum einritzen und für ca. 3 Min. in kochendes Wasser geben. Danach kurz unter kaltem Wasser abschrecken, Haut abziehen, Kerne entfernen, halbieren und in kleine Stücke schneiden. Rhabarber waschen, trocken tupfen, schälen und in kleine Stücke schneiden. Orange waschen, trocken tupfen und auspressen.

Ingwer und Schalotten schälen und in kleine Würfel schneiden. Gewürzsäckchen oder -kugel mit der Chilischote, Lorbeer, Kardamom, Zwergcurry und Koriandersaat füllen und verschließen. In einem Topf Olivenöl erhitzen, Schalottenwürfel glasig dünsten. Flüssigen Honig und Zucker zugeben, unter Rühren schmelzen lassen. Mit Orangensaft und Balsamico Sherry ablöschen, Gewürzsäckchen, Ingwer, Rhabarber und Spargelstücke zugeben, umrühren, aufkochen und ca. 10 Min. bei mäßiger Hitze köcheln lassen. Erdbeeren waschen, trocken tupfen, Stängelansatz entfernen und vierteln. Aprikosen, Erdbeeren und Spargelköpfe zugeben, mit Cayennepfeffer und Kurkuma würzen. Portwein unterrühren, ca. 45 Min. köcheln lassen, bis die Masse dicklich ist. Umrühren nicht vergessen! Gewürzsäckchen entfernen, Chutney heiß in Gläser füllen, sofort fest verschließen und kopfüber zum Abkühlen aufstellen.

Spargel, eingemacht

Zutaten:
750 g Spargel
60 g Butter
40 g Mehl
Petersilie
Salz
Saft einer halben Zitrone

Spargel küchenfertig zubereiten, in Salzwasser bissfest kochen und Petersilie in heißem Fett anrösten. Mehl zur lichten Mehlschwitze dazu geben, mit ausgekühltem Spargelwasser aufgießen und Spargel zugeben. Mit Salz und Zitronensaft würzen, zugedeckt fertig dünsten lassen.

Butter und Senf

Spargel-Butter

Zutaten:
75 g Spargel
75 g Butter
1 Ei
1 Prise frisch gemahlener weißer Pfeffer
1 Prise Salz

Spargel waschen, schälen, in kleine Stücke schneiden und kochen. Ei hart kochen, abschrecken, pellen, Eigelb herausnehmen und fein schneiden. Die zimmerwarme, gut knetbare Butter mit dem Eigelb und dem Spargel gut verrühren. Mit weißem Pfeffer und Salz je nach Geschmack würzen.

Nochmals alles gut vermengen und durch ein feines Sieb streichen. Zum Abkühlen in eine Schale oder Folie in den Kühlschrank stellen.

Tipp: Passt zu Bruschetta mit Forellenfilet, auch zu Jakobsmuscheln oder zu Brot, Knäckebrot bzw. Toast.

Für die Bereitung von Spargelbutter vorbereitet

Spargelsenf à la Ev

Zutaten:
dünne Spargelbruchstücke/Köpfe
oder 1 dünne Spargelstange
1 EL pikanter süßer Senf

Küchenfertigen Spargel fein zerteilen, weich köcheln, abseihen und gut abtropfen lassen. Danach in einer kleinen Schale mit einer Gabel fein zerdrücken und zuletzt den Senf hineinmischen. Bis zum Servieren kühl stellen. Schmeckt gut auf Braten, Fischfilet, gekochte Eier etc.

Selbstgemachter Spargelsenf

Salate, Vorspeisen und Beilagen

Suppen

Soßen zu Spargel

Dank

Wir möchten uns bei allen bedanken, die uns auch bei diesem Büchlein freundlich unterstützt haben.

Besonders danken wir dem Spargel- und Erdbeerhof Klaistow und Herrn Dr. Agr.-Ing. Heinz-Günther Marg, dem Hof Dennissen, Familie Dennissen Wöbbelin/Mecklenburg-Vorpommern und Herrn Michael Thiel für die wohlwollende Unterstützung beim Erstellen der Fotos und auch für manchen fachlichen Rat.

Dem Demmler Verlag danken wir für die hilfreiche und freundliche Unterstützung von der Idee bis zum fertigen Buch.

Evemarie Löser
1949 in Ulrichshalben, unweit von Weimar geboren. Nach dem Schulbesuch Berufsausbildung, dann Meister für Lederverarbeitung. 1973 Umzug nach Schwerin/Meckl.
Von 1980 bis zum Ruhestand 2011 im Sozialwesen tätig. Neben Familie (zwei erwachsene Kinder) und Beruf immer Freude im Umgang mit Menschen, am Kleingarten und an der Verarbeitung der Ernte.
Liebt die Kommunikation in Wort und Schrift und kreatives Gestalten.

Dr. Frank Löser
1944 in Lößnitz bei Freiberg/Sachsen geboren. Nach Schulbesuch Ausbildung zum Gärtner und Besuch der Fachschule für Pflanzenschutz in Halle/Saale 1963–1966. Viele Jahre Mitarbeiter im Pflanzenschutzamt Karl-Marx-Stadt. 1969–1974 Fernstudium zum Dipl.-Agr.-Ing. und anschließend außerplanmäßige Dissertation. Der Autor lebt seit 1984 in Mecklenburg und hat zwei erwachsene Kinder. Ab 1990 bis zum Ruhestand 2010 selbständig im Bereich der Werbeakquise tätig. Seine besonderen Hobbys sind das Entdecken und Erkunden der Natur, der Pflanzen- und Tierwelt.

Im Demmler Verlag sind von ihm bisher die Sagenbände „Thüringer Wald“, „Weimarer Land“ und die „Ostseeküste. Von Wismar bis Warnemünde“ erschienen. Gemeinsam veröffentlichten sie, ebenfalls im Demmler Verlag, „Der Sanddorn“, „Wildfrüchte“, „Zwiebeln“, „Kartoffeln“, „Wildblüten- und Kräutergelees“, „Schlehen & Hagebutten“ und „Kürbis“.

In der beliebten Naturpflanzenreihe für Küche und Hausapotheke sind bisher erschienen:
Jeder Band mit zahlreichen Farbfotos zu einem Preis von **8,95 €**

Ursula Schönfeld
Petra Neugebauer
ISBN 978-3-910150-68-3

Evemarie u.Frank Löser
ISBN 978-3-944102-03-0

Krystin Liebert
ISBN 978-3-910150-79-9

Evemarie u.Frank Löser
ISBN 978-3-910150-80-5

Evemarie u.Frank Löser
ISBN 978-3-910150-87-4

Evemarie u.Frank Löser
ISBN 978-3-910150-88-1

Elvira Grudzielski
ISBN 978-3-910150-95-9

Evemarie u.Frank Löser
ISBN 978-3-910150-98-0

Evemarie u.Frank Löser
ISBN 978-3-910150-97-3

Elvira Grudzielski
ISBN 978-3-944102-01-6

Elvira Grudzielski
ISBN 978-3-944102-04-7

Evemarie u.Frank Löser
ISBN 978-3-944102-05-4

Evemarie u.Frank Löser
ISBN 978-3-944102-08-5

Erhältlich in jeder Buchhandlung oder bei
DEMMLER VERLAG GmbH
An der Bäderstraße 7c
18311 Ribnitz-Damgarten
Tel. 03821 / 706397
Fax 03821 / 708876
info@demmlerverlag.de

Bestellannahme
Verlagsauslieferung *grünes herz*®
Tel. 03677 / 46628-10-
Fax 03677 / 46628-11
bestellung@gruenes-herz.de